Markus Schollmeyer
Fight for Yourself

Markus Schollmeyer

Fight for Yourself

Erfolgreiche Strategien gegen die
Ungerechtigkeit im Leben

IRISIANA

Für den kleinen Hasen

Verlagsgruppe Random House

Das für dieses Buch verwendete
FSC-zertifizierte Papier *Munken Premium*
liefert Arctic Paper Munkedahls AB,
Schweden.

© 2009 Irisiana Verlag, in der Verlagsgruppe
Random House GmbH München
Umschlaggestaltung: HildenDesign, München www.hildendesign.de
Umschlagmotiv: © HildenDesign unter Verwendung
eines Motivs von ZTS/Shutterstock
Satz: Uhl+Massopust, Aalen
Druck und Bindung: GGP Media GmbH, Pößneck
Printed in Germany
ISBN: 978-3-424-15038-4
817 2635 4453 6271

Inhalt

Zu den eigenen Wünschen stehen 11
Spieler oder Spielball? 12
   Den Lebensweg erkennen und verteidigen 17
   Eiskalt erwischt in der Mittagspause 18
Aktiv werden für die eigenen Interessen 20
   Selbstverantwortung als Basis 20
   Gerechtigkeit als wichtiger Faktor 21
Der eigene Lebensplan 22
   Persönliche Stärke und Anwaltstechniken 24
   Konsequent den eigenen Weg gehen 25
   Der Falle knapp entgangen 26
   Der Schein trügt 32

Konflikte und Konfrontationen 39
Wie Konflikte und Konfrontationen entstehen 40
   Nicht länger ausweichen 41
Drei Thesen über Konflikte 42
   Konflikte gehören zum Leben 42
   Krisen machen Konflikte 44
   Krisen nicht meiden, sondern meistern 46
Jeder kämpft für sich 47
   Konflikte lauern überall 49
   Der Mensch als Individuum 49

Die Technik der Anwälte 51
Die Erfahrung von Anwälten hilft 52
   Anwälte, die Konfliktprofis 54
   Von guten Anwälten lernen 55
Die Streitkultur als Konfliktrahmen 56
   Was ist Streitkultur? 56
Erhöhen Sie Ihre Reichweite durch
wertvolle Kontakte 59
   Wertloses Sammelalbum statt wertvoller
   Kontakte 59
   Kontakte lebendig halten 62
Hinterfragen Sie die konkrete Situation 64
   Motive erforschen 65
   Das Umfeld durchleuchten 67
Planen Sie Ihre Argumentationsstrategie 68
   Konfliktüberladene bzw. konfrontative
   Verhandlung 69
   Wie bereite ich mich auf eine Verhandlung
   vor? 71
   Die Zieleliste als Basis 72
   So entsteht Ihre Zieleliste 73
   Nachverhandlung mit einem Handwerker 75
   Identifizieren Sie Ihre wirklichen
   Interessen 76
   Verhängnisvolle Ablenkungsmanöver 78
Vorsicht vor Verhandlungsfallen 80
   1. Falle: Undurchsichtige
   Verhandlungssituationen..................... 80

   2. Falle: Unvollständige und ungeordnete
   Unterlagen 84
   3. Falle: Fehlende Alternativen 86
   4. Falle: Negative äußere Umstände 87
   5. Falle: Verhandlungssprache und
   Fachchinesisch 91
   6. Falle: Rhetorische Blasen und Pausenattacken .. 93
   7. Falle: Mit der Tür ins Haus fallen 97
   8. Falle: Auswendig Gelerntes abspulen 97
   9. Falle: Unkonzentriert zuhören 99
   10. Falle: Sofort antworten 100
Verschiedene Gesprächstypen 103
   Die grundsätzlichen Unterschiede 103
   Das didaktische Gespräch 105
   Das adversative Gespräch 107
   Das Defensivgespräch 109
   Kämpfen, fliehen oder provozieren 110
   Auf Extreme verzichten 111
Die richtige Fragetechnik anwenden 114
   Geschlossene Fragen 115
   Offene Fragen 116
   Fragen richtig einsetzen 121
Verknüpfung von Fragetechnik und
Gesprächstypus 121
   Das Defensivgespräch 122
   Das adversative Gespräch 123
   Das didaktische Gespräch 127
Finden Sie die Wahrheit hinter den Worten 128

    Die Arten der Lüge 129
    Die Notlüge 129
    Die Aufwertungslüge 130
    Die Intrige 131
    Die Selbstverteidigungslüge 132
    Was Stimme und Körpersprache verraten 134
    Sagen Füße immer die Wahrheit? 135
    Weitere körperliche Signale 138
    Ein sehr schwieriges Feld 139
    Gesichtsausdruck 140
    Stimme und Stimmlage 142
  Lügen sicher enttarnen 145
    Die Techniken der Aussagepsychologie 146
    Quantitativer und qualitativer
    Detailreichtum 147
    Ergänzbarkeit 152
    Personenübertragung 154
    Homogenität 154
    Konstanz der Aussage 157
    Die Vorteile dieser Technik 159
    Extra: Das Wichtigste protokollieren 161

So setzen Sie die anwaltlichen Techniken um 163
  Das Gelernte anwenden 164
  Ihr Auftritt als Person 164
    Vermarkten Sie Ihre Interessen richtig 165
    Treten Sie richtig auf 167
    Die richtige Kleidung 168

    Die richtigen Gesten 170
    Ich, der Anwalt 172
Die innere Kraft 174
    Mit dem Kopf durch die Wand 175
    Die Kräfteverhältnisse einschätzen 177
    Warum es sich lohnt, Stärke zu entwickeln 178
    Sind Sie stark genug? 180
Die eigene Stärke als Schlüssel 183
    Die Formel der persönlichen Stärke 185
    Wie finde ich meine Stärken heraus? 193
    Test: Persönliche Stärke 196
    Die persönliche Stärke berechnen 201
    Der »Glaube an sich selbst« als Grundlage
    des Erfolgs 205
    Wie sehr glauben Sie an sich? 208
    Entspannung – Der klare Kopf als Vorteil 210
    Anti-Stress-Techniken auf die Schnelle 214

Ausblick in die Zukunft 217
Den Blick nach vorne richten 218
Konflikte als Chance für Ihre Zukunft 219
    Genau analysieren und abwägen 221

Zu den eigenen
Wünschen stehen

Spieler oder Spielball?

Langsam fiel die schwere Eichentür des New Yorker Gerichtssaals ins Schloss. Die Zuschauer schauten raunend zu dem gedrungenen Mann, der gerade den Raum betreten hatte und im Zeugenstuhl Platz nahm. In diesem Moment stand er im Mittelpunkt eines ganz besonderen Prozesses über die Ereignisse, die die moderne Welt veränderten. Diesem Prozess lagen die Ereignisse eines Tages zugrunde, der noch vielen Generationen als Schicksalstag gelten wird, der 11. September 2001. Der Tag, an dem zwei Flugzeuge in das World Trade Center krachten.

Neben dem ganzen Leid der Opfer und Betroffenen, die die Anschläge des 11. September mit sich brachten, gab es eine kleine Gruppe von Menschen, die auf eine ganz andere Art betroffen waren und ihre eigenen, ganz speziellen Interessen an dem Vorfall hatten. Diesen Menschen ging es um sehr viel Geld. Genauer gesagt um eine Milliarde US-Dollar.
Und genau deshalb saß der elegant gekleidete Mann im Zeugenstand. Denn er war es gewesen, der den Versicherungsvertrag über die Zwillingstürme des World Trade Center an Land gezogen und für eine große Versicherung abgeschlossen hatte. Es schien ein »todsicheres« Geschäft zu sein – galten die Türme doch als unzerstörbar.

Spieler oder Spielball?

An jenem lauen Tag des Jahres 2001 war er für eine Versicherung in London tätig. Dort lebte er seit einiger Zeit und war eigentlich sehr zufrieden, auch wenn es ihn manchmal stark in seine Heimat auf dem Kontinent zurückzog. Aber für seinen Beruf als Versicherungsmakler war London schlichtweg das beste Pflaster. Es war ein großer Tag gewesen, als er den Abschluss des Vertrags seinen Vorgesetzten präsentieren konnte. Er hatte ein gutes Geschäft ausgehandelt. Die Versicherung sollte mehrere hunderttausend US-Dollar Prämie pro Jahr dafür erhalten, dass das Gebäude nicht zerstört würde. Und da das Gebäude als unzerstörbar und einsturzsicher galt, konnte man die Prämie ruhig als Gewinn verbuchen. Zumindest dachte man noch wenige Wochen vor dem 11. September 2001 so, als man die Verträge abschloss. Der Dank und die Anerkennung seiner Vorgesetzten sollten ihm also sicher sein. Dachte er. Und so war er sehr verwundert, als er kurz danach in einer internen Bewertung der Versicherung so schlecht abschloss, dass man ihm mitteilte, seine Karriere wäre in der jetzigen Position zu Ende. Man sähe in ihm keine weitere Entwicklungschance. Er schied noch Ende August 2001 aus der Versicherung aus.

Doch schon elf Tage später wurde er von den Ereignissen eingeholt. Mit Entsetzen sah er in den Nachrichten das World Trade Center einstürzen, und kurze Zeit später nahm die Versicherung über ihre Anwälte Kontakt zu ihm auf. Man würde ihn dringend als Zeugen brauchen und deshalb nach London bitten.

Zu den eigenen Wünschen stehen

Bald darauf saß er in London im Konferenzsaal einer renommierten Anwaltskanzlei und berichtete von den Gesprächen bei den Vertragsverhandlungen. Aber was um alles in der Welt fanden die Anwälte an Vertragsverhandlungen so interessant, dass man ihn deswegen extra einfliegen ließ? Der Grund war einfach: Es ging um eine Menge Geld. Der Inhaber des World Trade Centers kam nämlich auf die Idee, dass es eigentlich zwei Schadensfälle sein mussten – schließlich seien ja zwei Flugzeuge in die Türme geflogen. Und so sah er sich berechtigt, die Versicherungssumme auch zweimal zu fordern. So sei es abgemacht gewesen, behaupteten seine Anwälte.
Die Anwälte der Versicherung dagegen sagten, es wäre selbstverständlich nur ein Anschlag und die Versicherungssumme deshalb auch nur einmal zu bezahlen. Und so kam es nun auf die Aussage unseres Zeugen an.
Zunächst nahm er die Videokamera, die seine Ausführungen filmte, gar nicht so ernst. Genauso wie er seine Rolle in dem anstehenden Prozess nicht wirklich ernst nahm. Als seine Aussage vor den Anwälten fertig war, sagte man ihm beiläufig, er würde dann vom New Yorker Gericht kontaktiert werden. Auch das nahm er nicht ernst und ging stattdessen noch am gleichen Abend mit einem alten Freund aus seinen Londoner Tagen essen. »Ich werde nicht nochmal aussagen«, erzählte er seinem Freund. »Morgen sage ich das den Anwälten und fliege nach Hause.«
So einfach gehe das nicht, sagten die Anwälte der Versicherung, er müsse aussagen. Es folgte eine Unterredung, an

Spieler oder Spielball?

deren Ende er sich eigentlich nur schlecht fühlte. Er war so überrollt, dass er nicht mehr hinterfragte, ob die amerikanische Justiz tatsächlich einen europäischen Staatsbürger zu einer Aussage in den USA zwingen konnte. So begann sein persönliches Drama. Nicht genug damit, dass er die Last eines weltweit beachteten Auftritts auf seinen Schultern trug, die Anwälte gaben ihm auch noch mit auf den Weg, dass es keine Abweichung zu der auf Video aufgezeichneten Aussage geben dürfe. In den USA drohe in solchen Fällen eine empfindliche Haftstrafe. Komplett verängstigt fügte er sich in das dann folgende Zeugenprogramm mit all seinen Trainings und Briefing-Sessions, die ihn auf seine Aussage in den USA vorbereiten sollten. Und so übte er seine Aussage mit seinen Trainern von der Anwaltskanzlei bis zum Tag der Verhandlung. Inzwischen waren bereits drei Jahre seit dem ersten Termin in London ins Land gegangen.

Als er nun im Zeugenstand auf seinem Stuhl saß, war ihm die Gefahr seiner Lage nicht bewusst. Er machte einfach, was man mit ihm trainiert hatte. Allerdings bekam er die Angst vor einem amerikanischen Knast nicht aus seinem Kopf. Er durfte keinesfalls etwas anderes sagen als damals vor drei Jahren. Man hatte ihm gesagt, dass es auch auf den Wortlaut seiner Aussagen von damals und heute ankam, weshalb er sie auswendig lernte, um nur ja keine Abweichungen zu machen.
Als er alles gesagt hatte, blickte er den Richter ängstlich

an. Seine Erleichterung war groß, als der Richter ihm bedeutete, er könne nun gehen. Zudem entschieden die Geschworenen auch noch, dass durch seine Aussage der Prozess zugunsten der Versicherung ausgehen sollte. »Nun habe ich es geschafft und die Sache ist für mich erledigt«, dachte er, als er aus dem Gerichtsgebäude ging. Dies sollte sich als Irrtum herausstellen.

Einige Zeit später flatterte ihm ein Bescheid der Steuerfahndung ins Haus. Es ging um die Zahlungen, die in der Zeit seiner Zeugenaussage von der Versicherung anders hätte versteuert werden müssen, weshalb es nun zu einer Nachzahlung und einem Steuerstrafverfahren kommen sollte. Sofort rief er seinen Exarbeitgeber, die Versicherung, an und bat um Hilfe. Schließlich hätte er geholfen, viel Geld zu sparen. Doch statt Unterstützung zu erhalten, handelte er sich eine Absage ein. Vielmehr sei man der Auffassung, dass er zu viel Geld ausbezahlt bekommen hätte, weshalb man einen Teilbetrag nun zurückfordern werde.
Und so kam es zu einer Situation, die ungerechter nicht sein konnte. Er, der der Versicherung geholfen hatte, viel Geld zu sparen, sollte die für die Ausfallzeiten während der Zeugenaussage bezahlten Geldbeträge zum großen Teil zurückzahlen und hatte über deren volle Höhe ein Steuerstrafverfahren am Hals. Bei diesen Problemen half ihm niemand, er war nun auf sich allein gestellt. Warum habe ich überhaupt geglaubt, ein fremder Staat und eine Versi-

Spieler oder Spielball?

cherung können mich zu Aussagen zwingen? Warum habe ich deren angebliche Macht über mich nicht hinterfragt? Hätte ich mich nur nicht auf die Sache eingelassen und wäre gar nicht erst nach London gefahren, dachte er. Hätte ich doch nur an der richtigen Stelle »Nein« gesagt, denn ich hätte das Recht und die Freiheit dazu gehabt. Dann wäre das alles nicht passiert.

Den Lebensweg erkennen und verteidigen

Dieses prominente Beispiel zeigt eine einfache Grundwahrheit: Alle Menschen sehnen sich nach Freiheit und Gerechtigkeit. Gerechtigkeit ist ein wesentlicher Teil von Freiheit. Und Freiheit bedeutet, dass jeder seinen eigenen Lebensweg gehen kann. Theoretisch ist das alles gut und richtig, doch leider sieht das wirkliche Leben oft anders aus. Gerechtigkeit auf dem eigenen Lebensweg müssen wir täglich durchsetzen, wir müssen uns verteidigen gegen den Einfluss anderer, die uns daran hindern, unsere frei gewählten Ziele zu erreichen. Es geht also darum, sich gegen die Übervorteilung durch andere zu wehren. Die Kunst dieser Art von Selbstverteidigung hilft uns, Kurs zu halten und an unserem Ziel anzukommen.

So einfach diese Einsicht auch klingt, so beschwerlich kann ein selbstbestimmter Weg doch sein.

Den eigenen Lebensweg erkennen, beschreiben und verteidigen sind die drei entscheidenden Bausteine auf dem individuellen Weg zur persönlichen Freiheit. Und genau diese

drei Bausteine liegen in der Hand eines jeden selbst. Dabei wird man oft versucht sein, vom Weg abzukommen, oder aber andere versuchen, einen schlichtweg abzudrängen.
Um aber dem eigenen Weg treu bleiben zu können, sollte jeder die ihm eigene persönliche Stärke aktivieren und seinen Weg verteidigen. Denn nur wer seinen Lebensweg aktiv schützt und verfolgt, der wird auch sicher ankommen.
Während bei der Suche nach dem Lebensweg noch viele Menschen helfen, sind es schon viele weniger, die einen auf diesem Weg begleiten. Wenn es aber dann darum geht, diesen Weg zu verteidigen und konsequent weiterzugehen, dann ist man oft auf sich allein gestellt.

Eiskalt erwischt in der Mittagspause

Es ist nicht oder nicht nur eine Kunst, an der richtigen Stelle »Nein« sagen zu können. Es ist vor allem der Mut, an der richtigen Stelle für die eigenen Belange aktiv zu werden.
Das musste beispielsweise Karl erfahren.
Karl ist ein gestandener Kerl, sportlich und dynamisch. Sein regelmäßiges Boxtraining sieht man ihm auf den ersten Blick an. Karl saß in einer Gaststätte und aß eine Kleinigkeit zu Mittag. Da Karl es eilig hatte, verlangte er die Rechnung sofort, als der Kellner den Teller abräumte. Und wie es mittlerweile auch in den hiesigen Gaststätten üblich ist, brachte der Kellner einen kleinen Teller mit der Rechnung. Der Betrag belief sich auf 15,70 Euro. Da Karl

Spieler oder Spielball?

es nicht passend hatte, legte er einen 20-Euro-Schein auf den Teller und wartete, dass der Kellner ihn abholte, was auch prompt geschah. Nun, dachte Karl, noch schnell das Wechselgeld abwarten, dem Kellner das Trinkgeld geben und zurück ins Büro.

Und so wartete er minutenlang, doch der Kellner kam einfach nicht zurück. Auch Karls Handzeichen wurde ignoriert. Schließlich kam ein Kollege seines Kellners an Karls Tisch und fragte, wie er helfen könne. Karl erklärte ihm, er warte auf das Wechselgeld von seinem Kollegen. Der andere Kellner sprach daraufhin mit seinem Kollegen und kam an den Tisch zurück. Karl hätte eigentlich seinen Kellner erwartet. Aber wer ihm sein Geld bringen würde, war ihm dann schließlich doch egal.

Aber er irrte sich. Der andere Kellner sagte ihm nur trocken, es gäbe kein Wechselgeld, denn der Rest sei Trinkgeld! Karl war erstaunt und wütend. Sollte er nun einen Aufstand machen und riskieren, nicht mehr in sein Lokal kommen zu können, oder sollte er die Frechheit einfach hinnehmen? Er fühlte sich hilflos und wütend. Was sagt man da am besten, und vor allem wem? Dem Kellner oder gleich dem Geschäftsführer?

Während er so nachdachte, erschien auch schon der Sicherheitsmann des Restaurants, begleitete ihn zum Ausgang und bat ihn, nicht mehr wiederzukommen. Perplex schlich Karl davon.

# Aktiv werden für die eigenen Interessen

Was wie eine Ungeheuerlichkeit klingt, kann doch tagtäglich vorkommen: Kaltschnäuzig setzt sich jemand zu seinem eigenen Vorteil über Sitte, Anstand und oft auch Gesetze hinweg. Die einzig richtige Reaktion ist dann, aktiv zu werden und sich selbst und die eigenen Interessen zu schützen.

Selbstverantwortung ist hier der wesentliche Ansatz, denn der Einzelne muss in seinem Leben selbst für Gerechtigkeit sorgen. Das nimmt einem leider kein anderer Zeitgenosse ab, zumindest nicht ohne gewichtige eigene Interessen oder Bezahlung. Lediglich auf Schutz zu warten ist in der Regel zu wenig. Das Leben in die eigene Hand zu nehmen und den Weg selbstbestimmt zu gehen ist die Erfolg versprechendere und dazu noch die schönere und zufrieden stellendere Variante. Machen Sie sich frei und bestimmen Sie Ziel und Weg selbst! Gehen Sie Ihren Weg und verteidigen Sie ihn. Damit verwirklichen Sie Ihre Ziele und Ihr persönliches Glück.

Selbstverantwortung als Basis

Erkennen Sie die Selbstverantwortung als Anfang Ihres persönlichen Weges und Ausgangspunkt für den eigenen

Aktiv werden für die eigenen Interessen

Schutz auf diesem Weg an. Warten Sie nicht auf die Hilfe von anderen, stehen Sie selbst für sich und ihre Vorstellungen ein. Ihre persönliche Stärke hilft Ihnen dabei. Sie ist der Motor Ihres Lebens. Mit diesem Motor der persönlichen Stärke sind nicht nur einige auserwählte Menschen ausgestattet, sondern alle. Jeder Einzelne hat einen solchen Motor! Die persönliche Stärke eines jeden Menschen muss nur aktiviert sein, dann treibt er ihn unermüdlich voran. Und das Beste daran ist: Sie können Ihre persönliche Stärke selbst aktivieren. Sie brauchen dazu weder Impulse von außen, noch die Gunst einer irdischen oder überirdischen Macht. Sie haben die Voraussetzung bereits durch das Privileg Ihrer Geburt erhalten. Sie müssen einfach nur den Aktivierungsknopf drücken und los geht es mit der Unterstützung für Ihre Fahrt ins persönliche Glück.

Gerechtigkeit als wichtiger Faktor

Zum persönlichen Glück gehört Gerechtigkeit als eine der wichtigsten Größen. Nichts nagt an Menschen mehr als das Gefühl, ungerecht behandelt zu werden. Gerechtigkeit ist also auch ein zentrales Thema bei der Umsetzung des eigenen Lebensplans mit all seinen individuellen Wünschen und Hoffnungen. Treten Widerstände auf und es läuft alles nicht so, wie es geplant war, dann stellt sich schnell das Gefühl ein, eine Ungerechtigkeit erdulden zu müssen.

Besonders dann, wenn man sich einem fremden Willen

oder Vorschriften beugen muss, deren Sinn man nicht versteht und die den eigenen Interessen zuwiderlaufen. Um nicht unter Ungerechtigkeiten leiden zu müssen, sollten Sie also Ihre legitimen persönlichen Ziele durchsetzen, damit Sie Ihren individuellen Lebensweg unbeirrt weitergehen können.

Der eigene Lebensplan

Aber beginnen wir ein bisschen früher: Wer hat überhaupt ein Recht auf einen eigenen Lebensplan und damit auch eine Berechtigung, sich für ihn einzusetzen?
Ganz einfach: Jeder Mensch sollte nach seinen eigenen individuellen Bedürfnissen leben dürfen. Ein individueller Lebensplan ist jedem erlaubt. Schließlich leitet und führt er den Menschen. Dabei ist jeder Lebensplan so einzigartig wie der Mensch selbst. Denn auch einen Fingerabdruck gibt es nur einmal auf der Welt. Ein vernünftiger Lebensplan sollte daher auf den einzelnen Menschen zugeschnitten sein. So sinnvoll und nützlich der Gruppenzusammenhalt auf dem Weg der Umsetzung von Lebenszielen auch ist, so wichtig ist die spezielle Ausrichtung des Lebensplans auf jeden Einzelnen. Nur so werden alle Aspekte richtig gewichtet und gehen nicht in Abwägungen unterschiedlicher Lebensmodelle gegeneinander unter. Ein solcher Lebensplan steht jedem Menschen zu, ohne Wenn und Aber! Also auch Ihnen! Und das mit gutem Recht.

Der eigene Lebensplan

Da nun alle Menschen ein Recht auf ihren eigenen Lebensplan haben, gibt es natürlich unzählige unterschiedliche und manchmal auch konträre Lebenspläne. Diese Unterschiede können zu Reibungen mit anderen Menschen führen, denn nicht jeder findet die Ziele des anderen gut und unterstützenswert. Daraus entstehen oft Konflikte und Konfrontationen. In diesen Konflikten werden dann nichts weniger als die persönlichen Ziele und Wünsche, die persönlichen Ängste und Sorgen – kurz: die Werte und die Grundlage des eigenen Lebensplans – in den Mittelpunkt der Diskussion gestellt. Plötzlich muss man sich für seine eigenen Werte vor anderen rechtfertigen. Manchmal muss man sich sogar regelrecht wehren! Stark unterschiedliche Ziele oder auch vernachlässigte Selbstverantwortung, das Nicht-einschätzen-Können der persönlichen Stärke bei sich selbst oder beim Kontrahenten verschärfen diese Konflikte und arbeiten gegen uns und unsere Wünsche von einem erfüllten Leben. Konflikte und Krisen sind nämlich das Gegenteil unserer Wünsche – sie halten uns auf. Vom schnellen und erfolgreichen Lösen der Konflikte hängt also zu einem guten Teil die erfolgreiche Fortsetzung des persönlichen Weges ab.

Auch und gerade der Schutz des eigenen Lebensplans, der immer irgendwann mit den Lebensplänen anderer kollidiert und zu Konflikten führt, gehört zu einem selbstverantworteten Leben.

Genau diese Widerstände sind es dann, die in uns das Gefühl der Ungerechtigkeit aufkommen lassen. Selbstverant-

Zu den eigenen Wünschen stehen

wortung bedeutet, nicht nur den eigenen Weg zu erkennen und zu gehen. Selbstverantwortung bedeutet auch, die Widerstände anzunehmen und – wenn man sich Gerechtigkeit verschaffen will – eine Lösung für die Widerstände zu suchen und umzusetzen. Nehmen Sie die Konflikte auf Ihrem Weg an und verteidigen Sie Ihren Lebensplan. Setzen Sie dazu Ihre persönliche Stärke ein! Vertrauen Sie in solchen Situationen auf Ihre persönliche Stärke und entwickeln Sie das Selbstvertrauen, um in solche Konfrontationen zu gehen und sie am Ende erfolgreich zu bestehen. Die Formel der persönlichen Stärke, die Sie hier kennenlernen werden, schafft zusätzliches Vertrauen. Mit dieser Formel können Sie Ihre persönliche Stärke einschätzen. Sie werden erstaunt sein, wie stark Sie wirklich sind!

Persönliche Stärke und Anwaltstechniken

Entdecken Sie neben Ihrer persönlichen Stärke, die in jedem von uns steckt, auch die Möglichkeiten der anwaltlichen Techniken zur eigenen Interessenvertretung. Zusammen mit der persönlichen Stärke erschließen Sie sich einen großartigen Weg zur Durchsetzung Ihrer Interessen.
Die persönliche Stärke ist der Impuls und Motor erfolgreicher Menschen und der wirkungsvollste und mächtigste Antrieb bei der Umsetzung wichtiger Vorhaben. Wecken Sie Ihre persönliche Stärke und packen Sie danach alles an, was Sie zuvor noch belastet oder geängstigt hat. Sie werden verwundert sein, wie leicht das geht. Sie werden Störungen

Der eigene Lebensplan

und Blockaden durch andere Menschen abwehren und so stark und sicher auf Ihrem Weg zum gewünschten Ziel gehen. Die Techniken erfolgreicher Anwälte werden Ihnen helfen, eigenverantwortlich und effektiv zu Ihrem persönlichen Ziel zu gelangen.

Nehmen Sie die Selbstverantwortung für Ihre Ziele an! Gehen Sie Ihren Weg zu Glück und Gerechtigkeit! Denn Sie haben das Zeug dazu und müssen sich nicht verstecken.

Konsequent den eigenen Weg gehen

Den eigenen Lebensweg zu finden ist nicht einfach und fällt einem nicht über Nacht zu. Die meisten Menschen, die ich kenne, haben zwar einen Weg geplant, schlussendlich aber ihren persönlichen Lebensweg als Abzweigung entdeckt. Leider haben nicht alle diese Menschen gewagt, die Abzweigung zu nehmen und den eigentlichen Weg auch einzuschlagen. Andererseits berichten die, die den Mut dazu hatten, von glücklichen Zuständen und einem erfüllten Leben nach dem Abzweigen. Diese Menschen hatten es gewagt und sie haben gewonnen. Ein wichtiger Faktor dabei war, dass diese Menschen wussten, wie sie auf die nach dem Abzweigen kommenden Widerstände zu reagieren hatten. Sie haben mithilfe ihrer persönlichen Stärke ihr Ziel erreicht. Und das Ziel heißt: Glück und Gerechtigkeit!

Denn wie ungerecht das Leben mit einem umspringen kann, zeigt das folgende Beispiel.

Zu den eigenen Wünschen stehen

Der Falle knapp entgangen

Kurt ist erfolgreicher Golfer. Zwar hat er es nie in die Top Ten irgendwelcher Ranglisten geschafft, aber er konnte gut von seinem Sport leben. Doch dann gab es eine dramatische Wendung in seinem Leben, als er in seiner Geburtsstadt auf Besuch war. Da er dort keine eigene Wohnung mehr hatte, übernachtete er bei einem alten Freund. Er wusste leider nicht, dass dieser Freund eine Menge Probleme hatte. Probleme mit Geld. Probleme mit Alkohol. Unter anderem war ihm der Führerschein abgenommen worden. Das alles wusste Kurt nicht. Zunächst war die Wiedersehensfreude groß und die beiden Freunde genossen die Zeit. Sie waren so mit Feiern beschäftigt, dass die Zeit wie im Flug verging. Und so stand der letzte Abend bevor und beide wollten noch einmal würdig Abschied feiern. Gesagt, getan. Es wurde getrunken und gefeiert. Als beide mit einem Rausch nach Hause kamen, warfen sie nur noch die Klamotten in die Ecke, legten Geldbeutel und Handy auf den Tisch und fielen sofort ins Bett. Als Kurt am nächsten Tag erwachte, hatte er einen schlimmen Kater. Aber da war noch etwas. Er konnte seine Geldbörse nicht mehr finden. Nicht das verlorene Geld ärgerte ihn, es waren die fehlenden Dokumente: Ausweis, Führerschein, Kreditkarte! Während die Kreditkarte mit einem einfachen Anruf gesperrt und neu beantragt werden konnte, musste er bei den Papieren wohl mehr Aufwand einkalkulieren. Aber was war passiert? War er wirklich so be-

Der eigene Lebensplan

trunken gewesen, dass er seine Geldbörse einfach verloren hatte? Oder war er gar bestohlen worden? Nein, er hätte den Dieb sicher bemerkt und auch sein Freund war doch die ganze Zeit dabei. Ihm wäre der Diebstahl gewiss aufgefallen. Er fragte auch noch seinen Freund, nachdem dieser aufgestanden war. Fehlanzeige, auch von ihm bekam er keine Hinweise.

Einige Wochen später, Kurt hatte sich seine Papiere längst wieder besorgt, bekam er Post vom Gericht. Ihm wurde eine Anklageschrift zugestellt, in der er der Trunkenheit im Straßenverkehr, der Fahrerflucht und der fahrlässigen Tötung beschuldigt wurde. Und zu guter Letzt forderte der Staatsanwalt auch noch eine Haftstrafe für diese Tat. Was war geschehen? Ein offensichtlich betrunkener Mann war nach einem Kneipenbesuch mit seinem Auto zu schnell gefahren und hatte einen entgegenkommenden Radfahrer übersehen, ihn zu Tode gefahren und ist anschließend geflüchtet. Als die Polizei das Unfallfahrzeug fand, lagen die Papiere von Kurt unter dem Fahrersitz. Der Halter des Fahrzeugs konnte einen Mietvertrag über das Unfallfahrzeug vorlegen und nachweisen, dass es von Kurt gemietet worden war. Für die Behörden war der Fall klar, sie sahen in Kurt den Täter. Für Kurt aber brach eine Welt zusammen. Er hatte die Tat nicht begangen, er war an diesem Unfallabend zu Hause in seiner Wohnung gewesen und hatte sich von einem anstrengenden Golfturnier erholt. Und sein Zuhause war über 200 Kilometer vom Unfallort entfernt. Leider hatte Kurt keine Zeugen, die seine Anwesenheit zu

Hause bestätigen konnten, da er an dem Abend allein war. Er hatte an diesem Abend einfach mal seine Ruhe haben und abschalten wollen. Er war sicher nicht der Todesfahrer. Kurt musste sich tatsächlich vor Gericht für eine Tat verantworten, die ein anderer begangen hatte. Als er in den Gerichtssaal kam, waren nicht nur die Zuschauerränge bis auf den letzten Platz gefüllt, es wartete auch eine Pressemeute auf ihn. »Erfolgreicher Golfer fährt Menschen tot und flüchtet« war nur die harmloseste Schlagzeile, die an diesem Tag über ihn zu lesen war. Kurt überkam eine unheimliche Angst. Was ist, wenn mir niemand glaubt und ich ins Gefängnis muss?

Das Raunen der Menschen im Gerichtssaal ebbte ab, als die Richter den Saal betraten. Schweigend erhob sich die Menge und wartete auf das Zeichen, sich setzen zu dürfen. Auch Kurt stand. Er stand auf dem Platz, an den sich üblicherweise Mörder und andere Verbrecher stellen mussten, wenn sie ihre gerechte Strafe bekamen. Er jedoch war unschuldig. Nachdem die Anklageschrift mit all ihren Details zur Tat verlesen wurde, fragte der Richter, ob sich Kurt äußern wolle. »Natürlich möchte ich das«, sagte er angriffslustig, »ich bin unschuldig.« »Ja, ja«, schmunzelte der Staatsanwalt siegessicher, »das sagen ja alle, die da sitzen.« »Ich bin es aber, Sie werden schon sehen«, setze Kurt an. Und dann beschrieb er bis ins letzte Detail seinen Abend zu Hause und wies auf die Distanz zum Tatort hin. Er erwähnte auch noch, dass er das Unfallauto nicht gemietet hätte und die Papiere zuvor gestohlen worden seien. »Na,

Der eigene Lebensplan

da haben Sie sich ja eine tolle Geschichte ausgedacht«, entgegnete ihm der Staatsanwalt unwirsch. Die Augen des Staatsanwalts verengten sich und er fauchte: »Wenn man schon einen Fehler begeht, dann sollte man auch dazu stehen. Leugnen macht die Sache schon schlimm genug, aber so eine Geschichte schlägt dem Fass doch glatt den Boden aus.« Offensichtlich war der Richter auch dieser Meinung, denn er bot Kurt einen Deal an. Wenn er gestehen würde, dann könnte die Strafe milder ausfallen. Er solle es sich gut überlegen. Kurt lehnte ab. Er war unschuldig und da gibt es keinen Deal. »Ich werde für mein Recht und die Gerechtigkeit kämpfen«, schwor er sich. »Gut, wie Sie wollen«, herrschte der Richter Kurt an, »dann gehen wir eben durch eine Beweisaufnahme.« Die Zeugen wurden nun nacheinander hereingerufen und berichteten von dem betrunkenen Mann, den sie im Auto gesehen hatten und auch von dem schrecklichen Unfall und dem Leid des Opfers. Die Witwe des Radfahrers, die auch im Saal war, fixierte Kurt die ganze Zeit über verächtlich.

Dann kam der Polizeibeamte an die Reihe, der das Fahrzeug gefunden hatte. Er beschrieb den Fundort des Fahrzeugs und der Papiere. »Am Lenkrad waren Blutspuren«, erwähnte er beiläufig, »die stammen vermutlich vom Fahrer, der sich bei diesem heftigen Aufprall auch verletzt haben musste.« Der Polizist führte weiter aus, dass die Blutspuren gesichert wurden. Eine Analyse hatte es aber nicht gegeben. Als der Polizist fertig war, stand er auf und ging zu Kurt. Kurz vor seinem Platz blieb er stehen, blickte ihm

in die Augen und sagte leise: »Sie waren mal mein Vorbild. Aber wahrscheinlich habe ich mich geirrt.« Dann wandte er sich ab und verließ den Gerichtssaal. Kurt war den Tränen nahe. Nun war auch sein Ruf zerstört. Sollte er aufgeben, eine milde Strafe akzeptieren und dann versuchen, das Ganze einfach zu vergessen? »Nein«, sagte seine innere Stimme, die ihn auch schon zu einem erfolgreichen Sportler gemacht hat. »Du gibst nicht auf. Du wirst für deine Gerechtigkeit kämpfen.«
Nur noch ein Zeuge wartete darauf, in den Saal gerufen zu werden. Es war der Autovermieter. Also der Mann, dessen Auto der Unfallverursacher fuhr, der den Wagen aber angeblich an Kurt vermietet hatte. Kurt blickte zusammen mit dem ganzen Saal auf die grün-beige Tür, durch die der Mann kommen sollte. Ein lauter Aufschrei durchschnitt die Stille, als der letzte Zeuge eintrat. Es war Kurt, der diesen spitzen Schrei ausgestoßen hatte. Er kannte den Zeugen. Es war sein alter Freund, bei dem er übernachtet hatte, als ihm die Geldbörse gestohlen wurde.
Seelenruhig erzählte der Zeuge vom Mietvertrag und von dem Fahrzeug. Wie es übergeben wurde und wie zufrieden Kurt mit dem Fahrzeug gewesen sei. Der Zeuge beteuerte, bei der Vermietung des Fahrzeugs nicht damit gerechnet zu haben, dass Kurt so rasen und sich betrunken ans Steuer setzen würde. Hätte er gewusst, was passieren würde, hätte er nie im Leben sein Auto vermietet.
Kurt war entsetzt. Dieser Mensch, den er für seinen Freund gehalten hatte, lieferte ihn ans Messer. Offensichtlich war

Der eigene Lebensplan

er es gewesen, der Kurts Geldbörse entwendet und danach den Unfall verursacht hatte.
Das Gericht bot Kurt noch einmal die Möglichkeit an, im Wege eines Geständnisses das Urteil zu mildern. Kurt lehnte ab. Er wollte seine Gerechtigkeit und die konnte nur Freispruch heißen. Er war unschuldig.
In seinem letzten Wort erzählte Kurt nun seine Geschichte, und beteuerte seine Unschuld. Das Gericht zog sich zur Beratung zurück. Nun begann das bange Warten. Würde das Gericht ihm glauben?
Dann war es soweit. Das Gericht kam aus dem Beratungszimmer und verkündete: Das Verfahren werde vertagt! Der Richter wies die Staatsanwaltschaft an, eine DNS-Analyse des Blutes am Lenkrad zu machen und mit der DNS von Kurt zu vergleichen, um letzte Zweifel auszuräumen. Dem Richter sei aufgefallen, wie sehr der Angeklagte um seine Unschuld gekämpft habe und wie glaubwürdig er erscheine. Allerdings, fügte der Richter hinzu, würde das Urteil härter ausfallen, wenn das Gutachten bestätigte, dass Kurt doch der Schuldige sei. Damit war die Sitzung geschlossen. Das Gutachten wurde erstellt und brachte das ersehnte Ergebnis: Kurt wurde freigesprochen. Nach der Urteilsverkündung fragte Kurt den Staatsanwalt, warum er denn dieses Gutachten nicht in Auftrag gegeben hatte. Schweigend blickte der Staatsanwalt ihn an und sagte schließlich: »Die Geschichte war so plausibel, dass ich dachte, wir brauchen das nicht. Aber ich habe nicht mit Ihrem Einsatz für Ihre Gerechtigkeit gerechnet.«

Am diesem Beispiel kann man sehen, dass es sich lohnt, für seine eigenen Belange zu kämpfen. Auch wenn nicht immer so stark und mit solch drastischen Konsequenzen gegen die Gerechtigkeit verstoßen wird wie in diesem Beispiel, so ist sie doch ein hohes Gut. Gerechtigkeit steht jedem Menschen zu. Und auch kleine, versteckte Ungerechtigkeiten können zu großen Hindernissen auf dem Weg zum erfüllten Leben werden. Seien Sie also wachsam und erkennen Sie, wenn jemand Einfluss auf Sie ausüben und Sie manipulieren will. Verlieren Sie nicht Ihr Ziel aus den Augen und setzen Sie sich mit Ihrer ganzen Kraft für Ihren selbstgewählten Lebensweg ein.

Der Schein trügt

Gute Beispiele für beeinflusste Lebenswege sind die Biografien von Monika und Christian.
Christian ist ein gebildeter und erfolgreicher Mensch. In seinem Berufsleben hat er jede Chance genutzt. Er hat einen gut bezahlten Job in einer angesehenen Firma. Er lebt mit seiner Familie im eigenen Haus am Rande eines Sees. Jeden Morgen fährt er mit seinem luxuriösen Auto in die Arbeit, und wenn er am späten Abend zurückkommt, wartet stets eine gute Mahlzeit und eine liebende Familie auf ihn. Die Freizeit verbringt er entweder mit seiner Familie oder bei zahlreichen Aktivitäten in diversen Vereinen. Christian wird von vielen Menschen beneidet; sie denken, er sei sehr glücklich.

Der eigene Lebensplan

Im Vergleich dazu Monika: Sie hat nicht viel erreicht. Ihre Karriere stockt, die Beziehung kriselt und Kinder hat sie auch nicht. Monika lebt in einer Zweizimmerwohnung in einem mittelmäßigen Bezirk einer Großstadt. Wenn sie mal keine Lust hat, in überfüllte U-Bahnen einzusteigen, fährt sie mit ihrem alten Kleinwagen in die Arbeit. Kehrt sie dann abends nach Hause zurück, muss sie mindestens eine halbe Stunde Parkplatzsuche einkalkulieren. Die Freizeitaktivitäten sind eher eingeschränkt, denn ihre finanziellen Mittel lassen Monika keinen großen Spielraum.

Diese beiden Menschen, die oberflächlich betrachtet kaum unterschiedlicher sein könnten, haben beide das Gefühl, nicht glücklich zu sein. Beide fühlen sich vom Leben ungerecht behandelt, denn sie haben nicht bekommen, was sie sich eigentlich wünschen. Während man bei Monika auf Anhieb einige Unzufriedenheitsfaktoren erkennen kann, wird die Beurteilung von Christians Unzufriedenheit schon schwerer. Er hat doch eigentlich alles erreicht, was in unserer heutigen Gesellschaft als erstrebenswert gilt: finanzieller Wohlstand und eine kleine und vor allem intakte und problemfreie Familie. Warum ist er unzufrieden und was verbindet ihn mit Monika, deren Leben doch eigentlich das genaue Gegenteil ist?

Der Kernpunkt ist: Beide haben nicht ihren persönlichen Lebensweg gewählt und selbstverantwortlich beschritten. Obwohl sie wüssten, was ihr Lebensweg wäre, sind sie ihn doch nicht gegangen.

Monika wollte immer Karriere machen und ein Studium

absolvieren. In ihren Vorstellungen hatte sie sich oft in wichtigen Meetings gesehen und auch beeindruckende Präsentationen abgehalten.

Christian dagegen war immer ein verträumter Abenteurer, der gern in die weite Welt aufgebrochen wäre. Das Reisen und Erkunden von entfernten Orten und Kulturen hat ihn seit jeher fasziniert. Früher hat er machmal Reiseführer gelesen, nur um sein Fernweh und seine Neugierde zu befriedigen. Besonders in seiner Studienzeit, als das Geld knapp war, begab er sich in der Lektüre an den einen oder anderen Ort. Diese kleinen Reisen hat er sehr genossen. An manchen Tagen hat ihn eine bestimmte Perspektive für die Zeit nach dem Studium erschreckt: Die Vorstellung, Karriere zu machen, an einem Ort zu verweilen und die weite Welt mit der Enge in einem »goldenen Käfig« zu tauschen, ließ ihn erschauern. Trotzdem machte er sein Studium weiter und schloss es als einer der Besten ab. Kurz danach nahm er einen gut bezahlten Job an und legte so den Grundstein zu seiner Karriere. Er heiratete seine große Liebe und kaufte ein Haus. Sein Leben war nun in mehrfacher Hinsicht festgelegt. Aber im Grunde seines Herzens sehnte er sich nach etwas ganz Anderem. Er wollte mit seiner großen Liebe die Welt erkunden, die Freiheit der Ungebundenheit genießen und keine Konventionen und Zwänge erleben.

Heute fragt er sich, warum er seinen Wunsch nicht verwirklicht und stattdessen sein heutiges Leben gewählt hat. Dabei spielen seine Umwelt und seine Familie eine große

Der eigene Lebensplan

Rolle. Es waren seine Eltern, die ihm stets zu verstehen gaben, was sie von ihm erwarteten. Auch sein Freundeskreis redete gegen seine Wünsche und Pläne. Natürlich hatten alle dabei nur sein Bestes im Sinn. Unglücklicherweise passte das »Beste« aber nicht mit dem zusammen, was er selbst wünschte. Und so kam, was besser nicht passiert wäre. Eines Tages war sein Widerstand gebrochen und er gab seinen eigenen Weg auf. Er schlug den Weg ein, den alle anderen für den richtigen hielten, nur er selbst nicht. Es gab sicherlich viele gute Argumente für den eingeschlagenen Weg – insbesondere das Argument der Sicherheit –, aber es war einfach nicht sein Weg. Seine berufliche Entwicklung ermöglichte ihm ein finanziell unbeschwertes Leben, Geldsorgen hatte er nie. Auch genoss er Ansehen und einen guten Ruf, sein Freundeskreis war groß und er schien all das zu haben, was sich die meisten Menschen erträumen. Und trotzdem ist er unglücklich. Er weiß heute, dass er die Widerstände hätte überwinden und auf seine persönliche Stärke hätte vertrauen sollen. Dann wäre er heute ein rundum glücklicher Mann.

Und so ging es bei Monika: Sie war immer eine gute Schülerin und hatte Spaß am Lernen. Der Schulerfolg war ihr sehr wichtig. Während ihre Freundinnen damals oft über Kosmetik und die nettesten Jungs sprachen, interessierte sie sich für den Unterrichtsstoff. Sie ging sogar in ihrer Freizeit in die Bibliothek, um etwas nachzulesen und einen noch besseren Einblick in die Themen zu bekommen. Monika wollte immer schon etwas bewegen und viel wissen. Irgendwann lernte sie dann Peter kennen und auch lieben. Ab diesem Zeitpunkt wandelte sich ihr Leben. Peter war ein stattlicher Mann mit Ausstrahlung und Charisma. Monikas Familie und Freunde beglückwünschten sie zu ihrem »Fang«. Aber es war kein Fang, sondern es hatte sich einfach nur so ergeben. Die Familie drängte auf Nachwuchs, ein Häuschen und Heirat. Und auch im Job entschied diese Situation über Monikas weitere Perspektive: Die Vorgesetzten nahmen das Umsetzen von Familienplänen als kommenden Schritt von Monika an. Sie dachten, dass nun andere Prioritäten gesetzt würden und gingen davon aus, dass Monika in absehbarer Zeit ihren Job aufgeben und sich mit ihrem »Fang« in das gemeinsame Häuschen zurückziehen würde. Aber das wollte sie gar nicht, sie wollte doch Karriere machen! Doch Schritt für Schritt wurde sie aus ihrem Job gedrängt. Zudem gaben ihr Familie und Freunde auch noch das Gefühl, dass das richtig sei. Monika gab auf und ließ sich von ihrem Weg abbringen. Anders als Christian schlug sie aber nicht den »aufgedrängten« Weg ein, sondern sie blieb einfach stehen. Der Job stagnierte, das Häuschen wurde auch nicht gekauft und Kinder blieben aus. Der Stillstand des Lebens erfasste auch die Beziehung. Heute steht Monika noch genau an der Stelle, an der sie ihren eigenen Weg aufgab. Und sie ist sehr unglücklich darüber und fragt sich, ob und wie sie ihren eigentlichen Weg wieder aufnehmen kann.

Genau diese Überlegung beschäftigt auch Christian. Auch er möchte seinen Weg wieder aufnehmen. Und genau das

Der eigene Lebensplan

sollten beide auch machen! Es ist nicht zu spät, auch wenn man das immer wieder zu hören bekommt. Für das eigene Glück und den eigenen Weg ist es nie zu spät. Man muss sich nur auf seine persönliche Stärke besinnen, diese aktivieren und dem eigenen Weg treu bleiben. Dann überwindet man auch die Widerstände und kommt ans Ziel!

Konflikte und Konfrontationen

Wie Konflikte und Konfrontationen entstehen

Die moderne Welt wird immer komplizierter – und bringt immer mehr und immer neue Konfliktsituationen mit sich. Globale Ereignisse können uns unmittelbar berühren, etwa wenn wegen einer Wirtschaftskrise der Arbeitsplatzverlust droht. Das kann wiederum der Beginn weiterer persönlicher Probleme sein. Ein Merkmal von Krisen ist, dass die betroffenen Menschen in Konfrontationssituationen geraten und dann versuchen müssen, sich in eine möglichst gute Lage zu bringen. Die Umsetzung der eigenen Wünsche und Bedürfnisse wird gerade in Krisensituationen durch entgegenstehende Interessen anderer erschwert oder sogar verhindert. Und schon sind die Konflikte da.
Konfliktsituationen sind für viele eine unangenehme Sache, deshalb gehen die meisten Menschen ihnen bewusst oder unbewusst aus dem Weg. Der Preis dieses Ausweichens ist dann oft etwa eine finanzielle Einbuße oder der Verlust einer berechtigten Position. Dieses Konfliktvermeidungsverhalten wird von manchen anderen Menschen ausgenutzt. Sie schaffen »künstliche« Konfliktszenarien, um ihre eigenen Interessen besser durchsetzen zu können. Diese »Konflikterschaffer« stellen z. B. irgendwelche Formalien auf oder vertreten einfach unrechtmäßige Positionen. Manchmal verstecken sich diese »Provoka-

Wie Konflikte und Konfrontationen entstehen

teure« hinter einer Organisation, um größere Macht vorzutäuschen. Vergleichbar ist das mit dem im Tierreich verbreiteten Aufplustern eines der Kontrahenten bei Streitigkeiten. Das geschieht dort in der Hoffnung, dass der Gegner sich nicht auf eine Konfrontation einlässt. Und genauso funktioniert das auch beim Menschen! Klappern gehört zum Handwerk, sagt ja schließlich schon ein altes Sprichwort.

Nicht länger ausweichen

Wenn Sie Konfliktsituationen immer aus dem Weg gehen, ohne sich die Erfolgschancen und Kräfteverhältnisse anzusehen, werden Sie sich nicht behaupten können. Wenn Sie aber Ihre eigene Stärke entdecken und diese Stärke entwickeln und einsetzen, können Sie sich in Konfliktsituationen behaupten und Ihre rechtmäßigen Positionen halten. Das nötige Handwerkszeug finden Sie in den nachfolgenden Kapiteln. Sie werden sich stark fühlen und auch stark werden. Und Ihr Gegenüber wird das sehen können. Sie haben dann den Effekt erreicht, dass man sich überlegt, ob man sich überhaupt mit Ihnen anlegt. Sie werden es genießen, stark zu sein!

In manchen Situationen kann ein juristisches Grundwissen notwendig sein. Das können Sie sich sowohl aus dem Internet, von Hotlines oder direkt bei Anwälten holen. Scheuen Sie eine juristische Beratung, die in der Regel mit sehr überschaubaren Kosten einhergeht, nicht, denn auch der rechtliche Aspekt sollte in eine gute Konfliktvorbereitung einfließen.

Drei Thesen über Konflikte

Wenn die meisten Menschen das Wort »Konflikt« oder »Konfrontation« hören, kommen negative Gefühle auf, oft sogar Angst. Müssen wir aber wirklich Angst haben? Sind Konflikte nicht vielleicht einfach nur Wendepunkte im Leben, die uns weiterbringen können? Über diese Fragen haben sich die Menschen seit jeher Gedanken gemacht und versucht, eine Antwort zu finden. Herausgekommen sind viele gute Ansätze, die ich in drei Thesen gepackt habe. Jede dieser Thesen geht auf ein Zitat eines erfahrenen Menschen zurück. Die Thesen zeigen uns den Charakter der Konfrontation, warum sie entsteht und was sie uns bringt.

Konflikte gehören zum Leben

Wir finden drei Gründe für den Streit in der menschlichen Natur: erstens Konkurrenz, zweitens Mangel an Selbstvertrauen, drittens Sucht nach Anerkennung.
Thomas Hobbes (1588–1679), englischer Philosoph

Das menschliche Zusammenleben ist stark von Konflikten und Konfrontationen geprägt. Selten kann man seine Wünsche einfach umsetzen, oft tritt ein Zeitgenosse auf

Drei Thesen über Konflikte

den Plan, der sich diesen Wünschen widersetzt. Die Motivation dieser Menschen ist nicht immer sofort durchschaubar. Mal sind es die entgegenstehenden eigenen Interessen, aber auch bloßer Neid oder Missgunst ist eine Triebfeder, sich den Interessen anderer zu widersetzen. Konfrontationen sind dann vorprogrammiert und bringen Leid und Trübsal mit sich. Unabhängig, worauf sich der Widerstand gründet, er stellt für die Mitmenschen, die sich dagegen wehren wollen oder müssen, eine Blockade auf dem Weg zur persönlichen Zufriedenheit dar. Um weiter auf dem Weg voranzukommen, ist nun Durchsetzungsfähigkeit erforderlich. Die Blockade muss beseitigt werden, sonst bleibt die eigene persönliche Zufriedenheit auf der Strecke. Aber bei Weitem nicht jeder kann mit Konflikten auch umgehen. Viele gute Unternehmungen, Initiativen und Erfindungen bleiben deshalb auf der Strecke, weil der Initiator Angst vor Konfrontationen hat. Es ist die Angst vor den anderen Menschen, die (s)eine Veränderung ablehnen und sich Neuerungen in den Weg stellen. Es ist die Angst, sich nicht durchsetzen zu können, nicht stark genug zu sein.

Lassen Sie mich ein kleines Beispiel dafür anführen. Nehmen wir an, jemand steht vor der Frage der Selbstständigkeit. Wir alle wissen, dass Erfolg nicht immer eine neue Erfindung oder ein Produkt voraussetzt, das noch niemand anbietet, sondern oft einfach nur ein Aspekt Erfolg bringen kann: Man muss etwas besser machen. Sonst würde nicht jeden Tag ein neues italienisches Restaurant irgendwo in der Stadt eröffnen und überleben können,

denn es gibt sicher schon ein anderes italienisches Restaurant. Trotzdem hört der Jungunternehmer mit dieser Idee immer wieder die gleiche Frage: Gibt's das nicht schon? Diese Frage – die manchmal sicher berechtigt ist – wird meistens nur dazu verwendet, dem »Visionär« den Mut zu nehmen. Die Frage macht ihm deutlich, dass er sich in unserer Gesellschaft immer und überall in einer Konkurrenzsituation befindet und sich auf Konfrontationen gefasst machen muss. Scheut er also die Konfrontation, wird er aufgeben, fühlt er sich aber sicher und stark, wird er trotzdem loslegen. Und sich auch durchsetzen!
Wer sich dagegen nicht sicher fühlt, kann es lernen. Und er sollte es auch. Die Kenntnis von Techniken, eine Krise oder Konfrontation durchzustehen, nimmt die Angst und es lebt sich einfach besser. Genau diese Technik kann man in den intensiven Auseinandersetzungen, die ich als Anwalt erlebt und auch geführt habe, am besten sehen, verstehen und erlernen. Und da die meisten »starken« Menschen nicht als solche geboren wurden, kann sich jeder ein gewisses Maß an persönlicher Stärke aneignen. So einfach ist das Prinzip.

Krisen machen Konflikte

Die beste Möglichkeit, eine Krise zu bestehen,
ist anzugreifen.
Nino Cerruti, italienischer Textilfabrikant und Designer

Drei Thesen über Konflikte

Jeder einzelne von uns ist Angriffen ausgesetzt! Nicht nur unser Computer, aber dem gönnen wir deshalb auch eine sogenannte Firewall. Um Angriffe erfolgreich abzuwehren, sollten auch Menschen um sich eine Art Firewall bauen. Dann bleiben die eigene Person und die eigenen Interessen geschützt. Dieses Buch zeigt Ihnen, wie diese besondere Art von Firewall funktioniert.

Die Gesellschaft, in der wir leben, fördert das Schutzbedürfnis der Menschen stetig. Gleichzeitig findet ein Wandel statt: Alte Gesellschaftsmuster scheinen sich aufzulösen und echte Alternativen haben sich noch nicht gezeigt. Die Gesellschaftsmitglieder gehen rauer miteinander um, und dies allen Bemühungen zur friedlichen Koexistenz zum Trotz. Die Ursache liegt in den knapper werdenden Mitteln, den zunehmenden Krisen (Finanzmarkt und Umwelt) bzw. den daraus resultierenden Einschränkungen und den erhöhten Leistungsanforderungen im Beruf. Dadurch entsteht eine Verteilungsangst, die zu Konflikten führt. Mobbing ist das bekannteste Beispiel aus der Arbeitswelt. Aber eigentlich kann man sagen, dass sich in der heutigen Zeit die Krisen die Klinke in die Hand geben, weshalb ein gutes Krisenmanagement für jeden Einzelnen wichtiger wird. Die gesamtgesellschaftlichen Veränderungen bedeuten also für den Einzelnen einen steten Wandel – keiner kann sich den Auswirkungen entziehen. Wenn man einer Krise aber nicht ausweichen kann, so muss man sich ihr stellen. Unausweichliche Konflikte müssen also in Angriff genommen werden. Das führt uns zur nächsten These.

Krisen nicht meiden, sondern meistern

Die Chinesen verwenden zwei Pinselstriche, um das Wort »Krise« zu schreiben. Ein Pinselstrich steht für Gefahr, der andere für Gelegenheit. In einer Krise hüte dich vor der Gefahr – aber erkenne die Gelegenheit!
Richard Milhous Nixon (1913–1994), amerikanischer Politiker, 37. Präsident der USA (1969–1974)

Fatal ist, dass sich die »helfende Hand« des Staates immer weiter zurückzieht. Viele Menschen haben sich aber auf den Staat und seine Sozialsysteme verlassen (Stichwort: »Die Rente ist sicher«). Sie haben infolgedessen verlernt, sich für sich selbst einzusetzen. Aber nicht nur im gesamtgesellschaftlichen Bereich tritt dieses Problem auf, sondern auch in den Familienstrukturen. Viele Ehen und partnerschaftliche Beziehungen zerbrechen. Die Betroffenen sind dann auf sich allein gestellt und gezwungen, die Probleme selbst zu lösen. Eine Flucht vor der Konfrontationssituation kann gravierende Nachteile oder in extremen Fällen sogar den Ruin mit sich bringen. Die Knappheit der zu verteilenden Mittel verschärft diese Situation – es ist zu wenig Geld da, um all die Unterstützungsbedürftigen (Alleinerziehende, Arbeitslose usw.) ausreichend auszustatten.

Als Folge – so ein denkbares Szenario – wird der Einzelne mehr und mehr auf sich selbst gestellt sein, da das soziale Verteilungsprinzip durch Überlastung zusammenzubre-

chen droht. Vielleicht gehen wir auch auf eine gesellschaftliche Wende zu, in der sich neue Werte und/oder Systeme entwickeln. In einer solchen Umbruchphase werden bestehende Regeln fallen und neue entstehen. Allerdings wird es im Zeitraum zwischen dem Wegfall der alten Sicherungssysteme und dem Entstehen und Verfestigen der neuen eine Übergangsphase geben, deren wesentliches Merkmal die Konfrontation ist. Schließlich will jeder optimal von den neuen Werten profitieren, aber keiner wird zunächst so recht wissen, was denn eigentlich gilt und wo die Grenzen sind. Als Folge wird jeder Einzelne sich selbst und seine Position stärker behaupten müssen.

Aber auch wenn sich nicht alles so dramatisch ändert, werden die bisherigen Sicherheiten und Versorgungsleistungen nicht mehr finanzierbar sein. Jeder ist dann mehr auf sich selbst angewiesen. Konfrontationen sind jedenfalls vorprogrammiert, und jeder sollte die Fähigkeit entwickeln, seine Interessen durchzusetzen, um nicht auf der Strecke zu bleiben.

Jeder kämpft für sich

Philosophen haben seit jeher Konfrontationen und Konflikte zwischen Menschen im Blick gehabt und Überlegungen dazu angestellt. Der englische Philosoph Thomas Hobbes etwa führt 1642 in seinem Werk *De Cive* (*Über den Bürger*) ein Zitat des römischen Schriftstellers

Titus Maccius Plautus (250–184 v. Chr.) an. In diesem Zitat wird das Verhalten der Menschen untereinander betrachtet und in einen Vergleich mit dem Tierreich gebracht. Der Mensch wird in dieser berühmten Analogie als »dem Menschen Wolf« bezeichnet (*Homo homini lupus*-Prinzip). Und Wölfe sind ja bekanntlich nicht immer die besten Freunde des Menschen gewesen… Jeder von uns wird wohl aus eigener Anschauung berichten können, wie sich mancher zum Wolf gewandelt und seine Kontrahenten – im übertragenen Sinn – »zerfleischt« hat.

Auch wenn nicht alle Thesen und Behauptungen dieses Philosophen (mein) Lob finden, so ist doch die Einschätzung der menschlichen Konfliktnatur zutreffend. Besonders bemerkenswert ist, dass sich das Verhalten im Lauf der Jahrtausende scheinbar nicht geändert hat. Konflikte erscheinen zwar immer in neuem Gewand, doch der Kern und die Zielrichtung bleiben immer gleich. Die Menschen heute haben begonnen, sich dieser Konstellationen bewusst zu werden. Sie erkennen langsam die Muster und auch die Probleme, die in diesen Mustern transportiert werden. Unser menschliches Bewusstsein wird uns am Ende helfen, diese oft leidvollen Muster zu durchbrechen. Doch das gelingt nicht von heute auf morgen. Bis dahin werden wir uns wohl weiter mit Konflikten konfrontiert sehen und uns mit ihnen auseinandersetzen müssen. Der Fight for yourself-Gedanke ist ein guter und treuer Begleiter auf diesem Weg.

Jeder kämpft für sich

Konflikte lauern überall

Wenn man heute Nachrichten liest oder fernsieht, dann fallen die zahlreichen Konflikte an allen Stellen der Erde auf, seien es nun gewaltsame Konfrontationen in Kriegsregionen oder auch nur Auseinandersetzungen zwischen Gewerkschaften und Arbeitgebern. Selbst Nachbarschaftsstreitigkeiten bekommen wir mittlerweile zu sehen. Konflikte dominieren in den Medien. Und das sowohl im fiktionalen Genre als auch in Berichten über reale Geschehnisse. Es ist der Konflikt, der Einschaltquote und Auflage bringt.

Wie sich die kommende Zeit entwickelt, ist schwer vorhersagbar. Die vielen Krisen, die einander abzulösen scheinen, deuten aber auf eine krisen- und konfliktreiche Zeit hin. Leider sieht es für mich nicht so aus, als würde sich das ändern. Es kann also nur von Vorteil sein, wenn man sich mit Konflikten und den entsprechenden Verhaltensweisen auskennt. Das gibt ein gutes Gefühl von Sicherheit und Stärke. Und damit meistert man auch eine Krise und nutzt die Chancen.

Der Mensch als Individuum

Individualisierung war lange eines der Modewörter in unserer Gesellschaft. Dabei wurde das Individuum – Single genannt – auch mit Produkten für Singles umworben. Man hätte fast den Eindruck haben können, die Individualisierung ist eine Erfindung der Hersteller von Single-Produkten. Der Einzelne sollte es sich so bequem wie möglich machen können, ohne auf andere Rücksicht nehmen zu müssen. Die Kehrseite der Medaille ist, dass man Krisen und Konfrontationen auch immer stärker allein lösen muss. Und damit haben viele Singles ihre Probleme. Aber bei Weitem nicht nur die. Auch viele Menschen, die in einem Geflecht von Beziehungen vernetzt sind, sind mit ihren Problemen auf sich allein gestellt. Konflikt- und Konfrontationssituationen bringen es an den Tag: Der Bekanntenkreis lichtet sich, die eigenen Interessen gehen dann vor. Ein gutes Beispiel ist der Arbeitsplatz: Man hat zwar die Kollegen, aber in der Regel ist man mit Problemen am Arbeitsplatz allein. Sich für den anderen einzusetzen riskiert kaum jemand – es möchte ja keiner seine eigene Situation gefährden. In Krisensituationen ist jeder noch mehr sich selbst der Nächste. Und wenn ein Konkurrent – am Arbeitsplatz herrscht oft eine Konkurrenzsituation – Probleme bekommt, finden das viele ihrer eigenen Position zuträglich.

In solchen Situationen werden Sie schnell merken, dass Sie allein sind, dass Sie Ihre Interessen und Entscheidungen in den Mittelpunkt stellen und sich für sie einsetzen müssen. Nehmen Sie diese Rolle an und bereiten Sie sich entsprechend vor! Dabei helfen Ihnen die Techniken der Anwälte, wie sie im folgenden Kapitel zu finden sind.

Die Technik der Anwälte

Die Erfahrung von Anwälten hilft

Um die eigenen Interessen wahren und den eigenen Lebensweg gehen zu können, müssen wir uns auf die Widerstände einlassen und sie überwinden. Eine Technik zu besitzen, die uns in solchen Situationen unterstützt, ist dabei sehr hilfreich.

Anwälte haben sei jeher mit Konflikten zu tun und sie haben – neben der Kenntnis des Rechts – auch eine eigene Technik entwickelt, um sich zu behaupten. Jedenfalls solche Anwälte, die sich auch in Gerichtssälen sehen lassen, die dort für ihre Mandanten kämpfen und gewissermaßen »an der Front« bestehen müssen.

Diese Anwälte haben eine Technik entwickelt, die dann greift, wenn bloße Rechtskenntnis zu wenig ist. Und genau diese Technik sollten auch Sie nutzen und so Ihr eigener Anwalt werden.

Aber warum braucht man eine ausgefeilte Technik, um sich zu behaupten, werden Sie sich fragen. Reichen da nicht auch ein paar Verhandlungstricks und eine geschickte Gesprächsführung? Nein: Das Anwenden von Tricks schadet meist mehr als es hilft. Und zwar deshalb, weil Tricks nur kurzfristig wirken, eine ausgearbeitete Technik aber, in der die persönliche Stärke im Mittelpunkt steht, wird nachhaltig zum Erfolg führen.

Die Erfahrung von Anwälten hilft

Wie wird wohl jemand reagieren, der mithilfe von Tricks und Kniffen zum Nachgeben gebracht wurde? Richtig, er fühlt sich getäuscht und ungerecht behandelt! So will sich aber niemand fühlen, deshalb wird er versuchen, sich mit allen Mitteln zu wehren. Und er wird versuchen, Ihnen bei der nächsten Gelegenheit das gefühlte Unrecht heimzuzahlen. Sie haben es also dann mit dem Einsatz von Tricks auf seine »schwarze Liste« geschafft! Gratulation!

Wenn Sie in diesem Buch also ein Feuerwerk an schmutzigen Tricks und rhetorischen Superkniffen erwartet haben, deren Anwendung jeden Gegner sofort in die Flucht schlägt bzw. zur Erfüllung Ihrer Vorstellungen oder Forderungen bringt, muss ich Sie leider enttäuschen. Das wäre auch gar nicht zielführend.

Stellen Sie sich aber jetzt vor, Sie hätten Ihre Interessen vor allem aufgrund Ihrer persönlichen Stärke durchgesetzt. Ihr Gegner hätte Ihre Stärke gefühlt. Er hätte Sie als überlegen eingestuft und sich quasi automatisch mit seiner Niederlage abgefunden. Und wahrscheinlich wären Sie nicht auf seine »schwarze Liste« geraten, denn wer legt sich schon gern mit einem Stärkeren an? Wir Menschen haben hier so etwas wie eine eingebaute Bremse: »Leg dich nicht mit Stärkeren an, es könnte gefährlich für dich sein.« Und genau diesen Mechanismus nutzen Sie, wenn Sie auf Ihre persönliche Stärke vertrauen. Bloße Tricks und Kniffe können das nicht bieten.

Anwälte, die Konfliktprofis

Es sind die Anwälte, die nachhaltig Konflikte lösen und dabei ihre persönliche Stärke für Mandanten einsetzen, um diesen Gerechtigkeit zu verschaffen.

In kritischen Situationen ist ein »Konfrontationslaie« schnell mit seinem Latein am Ende, und der Rat eines Fachmanns ist gefragt. Anwälte profitieren von Konflikten, Krisen und Konfrontationen, weil sie sich erfolgreich auf die Interessenvertretung spezialisiert haben. Sie nutzen dabei ihre Erfahrungen vor Gericht und entwickeln daraus den Mut, in einen Konflikt oder eine Konfrontation zu ziehen.

Von Anwälten lernen heißt deshalb, sich nachhaltig durchsetzen zu lernen. Und genau das hilft auch jedem Einzelnen auf seinem persönlichen Weg. Sie sollten deshalb die nachhaltige Technik von Anwälten einsetzen.

Um die Technik der Anwälte einsetzen zu können, muss man nicht unbedingt Anwalt sein. Ist nicht jeder im Grunde selbst so stark, dass er mit etwas Geschick und Wissen kritische Situationen selbst lösen kann? »*Yes, we can*«, sagte schon Obama – der ja auch Anwalt ist – im US-Wahlkampf. Er hatte Recht und gewann.

Und Sie können es auch! Werden Sie einfach Ihr eigener Anwalt! Lernen Sie die verbale Selbstverteidigung. Zeigen Sie ruhig auch mal Zähne und sichern Sie Ihre Position.

Die Erfahrung von Anwälten hilft

Von guten Anwälten lernen

Lernen wir also von den Anwälten, aber bitte nur von den guten Anwälten. Was genau macht einen guten Anwalt aus? Was sind die Faktoren, die ihn und damit auch seine Mandanten erfolgreich machen? Genau das möchte ich Ihnen mit auf den Weg geben. Ich möchte Sie einladen, aus meiner Erfahrung und meinem Wissen als Prozessanwalt zu schöpfen. Lassen Sie mich Ihnen das Spielfeld, die Mitspieler und das Handwerkszeug näherbringen, sodass Sie wie Ihr eigener Anwalt Ihre Interessen vertreten können. Nutzen Sie die Erfahrung aus sehr vielen Konfrontationssituationen und gerichtlichen Auseinandersetzungen und verwenden Sie dieses Wissen zum Aufbau der eigenen Stärke. Sie erhalten so eine Anleitung, die Ihnen in schwierigen Situationen ermöglicht, eigene Stärke zu fühlen und auch wirkungsvoll zu entfalten. Eine Anleitung, die Sie in die Welt der ursprünglichen Interessenvertreter, der Anwälte, führt.

Sie werden im Verlauf des Buches lernen, wie man eine Lüge aufdeckt und die Wahrheit am besten ausspricht. Sie werden einen Einblick in die hiesige Streitkultur erhalten und die Mittel an die Hand bekommen, um in einer Konfrontation erfolgreich zu bestehen. Sie werden fühlen, dass Sie sich nicht mehr länger verstecken müssen. Sie werden für sich einstehen und sich so das Leben bauen, das Sie wirklich wollen. So werden Sie dann Ihr eigener Anwalt sein.

Die Streitkultur als Konfliktrahmen

Bevor wir nun mit den eigentlichen Techniken beginnen, sollten wir uns das Konfrontationsspielfeld einmal anschauen. Unser Spielfeld heißt Streitkultur. Die Streitkultur ist der Boden, auf dem Sie beim Konflikt stehen und auf dem Sie Ihre eigene Stärke einsetzen. Die Streitkultur ist die Grundlage jeder Konfrontation. Innerhalb der herrschenden Streitkultur müssen die individuellen Fähigkeiten eingesetzt werden, um Erfolg in einer Konfrontation zu haben. Hinzu kommen natürlich auch noch die rechtlichen Rahmenbedingungen. Kombiniert man die beiden Komponenten, ergibt sich der erfolgreiche Weg aus der Konfrontationssituation.

Die Kenntnis der Streitkultur ist wichtig, um Fehlentscheidungen und Fallen effektiv zu vermeiden und schneller an »sein Recht« zu kommen oder ungerechte Situationen effizient abzuwehren.

Was ist Streitkultur?

Den Begriff »Streitkultur« haben Sie wahrscheinlich schon öfter gehört, genauer beschäftigt haben sich aber die wenigsten damit. Deshalb lohnt auch ein Blick auf den Begriff und die unterschiedlichen Auswirkungen.

Die Streitkultur als Konfliktrahmen

Als Streitkultur bezeichne ich den zwischenmenschlichen Rahmen, wie und mit welchen Mitteln eine konfrontative bzw. konfliktbehaftete Situation von den Beteiligten gelebt wird. Dabei gibt es als Erstes die regionalen Unterschiede. Denken Sie beispielsweise an die Vereinigten Staaten von Amerika. Dort werden Konflikte grundsätzlich anders angepackt als in Deutschland.

Während Amerikaner in einer Mischung aus wirtschaftlichem Denken und Stolz sofort aktiv agieren, scheinen die Deutschen lieber erst einmal in Deckung zu gehen. Mit anderen Worten könnte man auch sagen, die Amerikaner sind deutlich risikobereiter und gehen offensiver an Konflikte heran.

Ein plastisches Beispiel ist das Recht der Amerikaner Waffen zu tragen, und in manchen US-Bundesstaaten ist es sogar erlaubt, Eindringlinge mit Waffengewalt vom eigenen Grundstück zu vertreiben. Wichtig ist hier noch zu wissen, dass auch ein harmloser Spaziergänger, der die Abkürzung über ein uneingezäuntes Grundstück nimmt, bereits als Eindringling gilt. In Deutschland ist das nahezu undenkbar, hier würde kein vernünftiger Mensch auf die Idee kommen, etwa auf einen durch den Vorgarten laufenden Spaziergänger zu schießen.

Diese unterschiedlichen Strukturen und die zugrundeliegenden Denkweisen und Mentalitäten bringen eine total unterschiedliche Streitkultur zum Tragen. Es kann also entscheidend sein, die unterschiedliche Streitkultur zu kennen. Um nun noch mal auf unser Beispiel mit dem Spaziergänger zurückzukommen, wird ein Deutscher, der in den USA lebt, wohl kaum auf einen Spaziergänger schießen, wenn dieser sein Grundstück überquert, da er eine andere Streitkultur gewöhnt ist.

Und genau dieses Wissen kann nun gezielt eingesetzt werden. Denn wenn Sie über das Grundstück eines Deutschen in den USA gehen, können Sie fast sicher sein, dass er nicht auf Sie schießen wird, obwohl er es vielleicht sogar dürfte. Somit sinkt dann auch das Risiko, von einer Kugel getroffen zu werden, gegen null. Am Ende würde es bedeuten, dass Ihr Rechtsbruch, obwohl er auf dem Papier sogar tödlich enden kann, in Wirklichkeit ungefährlich ist.

Die Streitkultur überflügelt in diesem Beispielsfall also sogar die Rechtslage. Die bloße Rechtskenntnis allein hätte Sie wahrscheinlich auf den falschen Weg geführt, die Streitkultur allein hätte Sie wahrscheinlich zu sorgenfrei agieren lassen. Das ist doch eine bemerkenswerte Erkenntnis!

Sie sehen, die Streitkultur kann sich regional, aber auch landsmannschaftlich und altersabhängig ändern. Je unterschiedlicher die Streitkulturen sind, umso genauer sollte man sich mit ihnen beschäftigen. Machen Sie sich mit Ihrem individuellen Spielfeld vertraut, um nicht unbewusst einen Fehler zu begehen, durch den Sie sich den Erfolg verbauen können, obwohl Sie vielleicht die stärkeren Argumente haben.

Erhöhen Sie Ihre Reichweite durch wertvolle Kontakte

Kontakte und Beziehungen sollen, so sagt der Volksmund, nur dem schaden, der sie nicht hat. In Konflikten und Krisen sind Kontakte eine wichtige Ressource, die gut eingesetzt werden möchte. Die Kunst liegt dabei in einem ausgefeilten Kontaktmanagement. Denn es reicht nicht aus, wenn man die Kontakte nur hat. Man muss sie schon auch pflegen und nutzen. Und genau an diesem Punkt fängt ein gutes Kontaktmanagement an. Sonst verschwendet man das Potenzial seiner Kontakte.

Wertloses Sammelalbum statt wertvoller Kontakte

Ein Bekannter eines Freundes ist hier ein anschauliches Beispiel. Sein Name ist Peter und er ist der Kontaktsammler schlechthin. Auf dem Schreibtisch von Peter stand ein Bild, das ihn zusammen mit dem US-Präsidenten zeigte. Weitere ehemalige und aktuelle Staatspräsidenten anderer Länder und Wirtschaftslenker reihten sich daneben ein. Zudem wurde er nicht müde, jedem seine Kontakte auf einer sehr bekannten Internetplattform vorzuführen. Aber eigentlich hätte es dieser Vorführung nicht bedurft. Diese Plattform hatte nämlich die Funktion, die Kontakte sofort sichtbar machte. Man konnte bei jedem eigenen

Die Technik der Anwälte

Kontakt sehen, welche Kontakte dieser Teilnehmer hatte, und bei neuen Kontakten über die Plattform wurde angezeigt, über wen man sich kennen könnte. Diese Über-wen-man-sich-kennen-könnte-Person war also jemand, der die beiden anderen noch nicht in Kontakt stehenden Menschen kannte. Sie werden jetzt sicher nicht erstaunt sein, dass dabei sehr oft eine bestimmte Person angezeigt wurde: Man kam an Peter nicht vorbei. Man könnte diesen Freund einfach auch allgegenwärtig nennen. Er war auf dem Kontakthof Internet immer und überall präsent. Aber schauen wir uns einfach mal sein Kontaktmanagement an. Es wurde anlässlich einer Krise auf die Probe gestellt. Da nicht jeder Mensch nur Freunde hat, gab es eine Konfrontation mit einem Widersacher. Der Auslöser war zwar eine Frau, aber in der Sache wurde dann mit anderen Themen gekämpft. Obwohl beiden Kontrahenten klar war, dass sie sich benahmen wie die Gockel auf dem Weg in die Hahnenkampfarena, suchten sie die Konfrontation. Da auch ich mich im Kontaktnetzwerk von Peter befand, bekam ich eines Tages einen Anruf. Er wollte sich mit mir zusammensetzen und die Situation analysieren. Wir machten also einen Termin aus, und er erzählte mir die ganze Geschichte. Ich fragte ihn, mit welcher Taktik er in die Konfrontation gehen wird. Darauf schaute er mich entgeistert an und sagte: »Den mache ich mit meinen Kontakten platt. Eine Taktik brauche ich nicht. Mir reichen ein paar Anrufe.« Ich war etwas verwundert, denn ich war davon ausgegangen, dass er mit mir eine Taktik entwickeln wollte.

Ich hatte nicht damit gerechnet, dass er mich nur sprechen wollte, um sich mit seinen Kontakten zu schmücken. Nun, die Konfrontation begann, und ich hörte etwa sechs Monate nichts mehr von Peter. Zufällig traf ich einen Freund, der ein »gemeinsamer Bekannter« von mir und Peter war. Unser Gespräch kam auch auf Peter und seinen Konflikt. Ich war nicht sehr erstaunt zu hören, dass er der Unterlegene war. Trotzdem wollte ich die ganze Geschichte erfahren, denn nichts ist so schlecht, dass es nicht noch als schlechtes Beispiel dienen kann.

Peter hat seine Ankündigung wahrgemacht, seine Kontakte angerufen und auch sein Anliegen vorgebracht. Nur hat ihm keiner geholfen oder sich auch nur auf seine Seite gestellt. Alle Kontakte haben sich einfach herausgehalten. Aber warum war das so, Peter hatte doch alle notwendigen Verbindungen?

Es lag nicht an den Kontakten oder deren Güte, es war das schlechte Kontaktmanagement, das ihm einen Strich durch die Rechnung machte. Peter hatte übersehen, dass Kontakte nur so gut sind wie deren Pflege. Und wenn man Kontakte nicht pflegt, dann kann man auch keine Hilfe erwarten. Es fehlt schlichtweg die persönliche Bindung, die die Ursache für das Eintreten für andere ist. Im Fall von Peter heißt das: Es ist zwar schön, ein Bild mit sich und dem US-Präsidenten auf dem Schreibtisch zu haben, aber es wird wohl von Mr. President wenig Hilfe zu erwarten sein, wenn sich der Kontakt auf das Foto beschränkt.

Peter hat also gleich drei entscheidende Fehler gemacht.

Erstens hat er sich auf das bloße Kontaktsammeln beschränkt und seine ganze Zeit anstatt auf die Pflege der wichtigsten Kontakte auf das Hinzufügen weiterer Kontakte verschwendet. Zweitens hat er die Kontakte nicht sortiert und bewertet. Er hat einfach darauf losgesammelt und dabei eher auf den Prestigewert des Kontakts geachtet. Es mag ein erhebendes Gefühl sein, sich mit Prominenten und Mächtigen auf Fotos etc. zu verewigen, aber das sind natürlich keine Kontakte, die einem im Ernstfall nutzen. Der dritte Fehler von Peter war, dass er sich keine Alternative zurechtgelegt hat für den Fall, dass die Kontakte nicht greifen. Eigentlich hat er so alles falsch gemacht, was an Fehlern möglich war.

Kontakte lebendig halten

Sie sollten das natürlich besser machen. Schaffen Sie sich einfach ein gutes Kontaktmanagement an. Suchen Sie sich Kontakte, die Ihnen nutzen, und vor allem: Pflegen Sie diese Kontakte! Eine gute Kontaktpflege zeichnet sich durch ein gesundes Verhältnis von Geben und Nehmen aus. Denn nur wenn sich dieses Verhältnis die Waage hält, werden es beide Parteien als gerecht und gut empfinden. Das ist im menschlichen Sinne gemeint und soll keine finanziellen Interessen oder Ausgleichszahlungen ansprechen.

Die gute Kontaktpflege ermöglicht Ihnen, in Krisen- oder Konfliktsituationen den entscheidenden Gefallen einzu-

fordern. Denn aufgrund der ausgewogenen Vergangenheit wird Ihr Gegenüber Ihnen helfen, denn er weiß ja, dass Sie ihm auch helfen werden, wenn es notwendig sein sollte. Dieses Gefühl der Verpflichtung oder auch das Bewusstsein einer selbstverständlichen Solidarität entsteht aus der Ausgewogenheit eines lebendig gehaltenen Kontakts. Die Kontaktpflege ist das entscheidende Mittel im Kontaktmanagement.

Checkliste Kontakte

- Halten Sie nur solche Kontakte aufrecht, die Sie auch pflegen können.
- Bewerten Sie Ihre Kontakte: Wer könnte in einer konkreten Situationen helfen, mit wem könnte ich mich besprechen?
- Geben und Nehmen halten sich die Waage: »Investieren« Sie also in Ihre Kontakte Zeit, Aufmerksamkeit und bieten Sie Ihrerseits Unterstützung an.
- Verlassen Sie sich nicht nur auf Kontakte, arbeiten Sie bei der Vorbereitung von Konfrontationen immer auch Alternativen aus.

Bisher haben Sie einiges über die mentale Einstellung in Konfrontationen und Krisen erfahren. Nun können wir uns den Instrumenten zur Durchsetzung zuwenden. Es ist das notwendige Handwerkszeug, das Sie für die Konfliktbewältigung brauchen. Lernen Sie, der Wahrheit in den Aussagen der Kontrahenten auf den Zahn zu fühlen und Bluffs zu enttarnen. Wir werden uns deshalb mit Körpersprache, Aussagepsychologie und Gesprächstechniken beschäftigen. Die Kenntnis dieser Techniken wird Ihnen Stärke und Sicherheit geben. Was soll Ihnen schon passieren können, wenn Sie die Wahrheit ans Licht zu bringen vermögen und so eine der effektivsten Verteidigungsmöglichkeiten beherrschen? Und genau diese Stärke und Sicherheit werden Sie ausstrahlen. Ihr Kontrahent, die sonstigen Beteiligten und das gesamte Umfeld werden das bemerken. Ihre Ausstrahlung fließt so als Teil der persönlichen Stärke in die Konfrontation mit ein. Lassen Sie uns nun keine Zeit mehr verlieren. Lernen Sie die Technik!

Hinterfragen Sie die konkrete Situation

Der nächste Schritt zur erfolgreichen Selbstbehauptung in schwierigen Situationen ist das Hinterfragen. Glauben Sie in Konflikten oder Konfrontationen nicht alles, was man Ihnen auftischt. Lassen Sie sich nichts vormachen. Prüfen

Hinterfragen Sie die konkrete Situation

Sie die konkrete Situation genau. Seien Sie wachsam und beobachten Sie, was man Ihnen sagt und vor allem, wie das Verhalten des Gegenübers zum Gesagten steht. Wir werden später noch ausführlicher auf die Rolle des Verhaltens bei der Aufdeckung von Lügen eingehen. Der Hinweis sei aber schon erlaubt, dass Sie bereits beim Hinterfragen der Situation nicht nur auf die Worte, sondern auch auf die Verhaltensweisen achten sollen. Haltung, Gesten und Handlungen sind meist verräterischer als Worte.

Motive erforschen

Zum Hinterfragen der Situation gehört, dass Sie sich Klarheit über die Interessen der beteiligten Personen oder auch Organisationen verschaffen. Finden Sie heraus, welche Vorteile Ihr Gegner hat und welche Vorteile Sie haben. Vergessen Sie aber auch die Nachteile und Risiken für alle Beteiligten nicht. Dieses Wissen um die Vor- und Nachteile gibt Ihnen einen mächtigen Handlungsspielraum für Ihre Interessen. Sie können dann z. B. die entdeckten Nachteile Ihres Gegenübers verschärfen und Druck ausüben, indem Sie diese nachteiligen Auswirkungen verstärken – um dann im Falle eines Zugeständnisses der Gegenseite an Sie großzügig auf die Verwirklichung der Nachteile zu verzichten. Das ist eine beliebte Taktik der Anwälte. Andererseits können Sie mit den Vorteilen, die Sie haben, die Gegenseite auch locken und so mögliche Nachteile abwenden.
Ein erster Ansatzpunkt ist, sich die finanziellen Verhält-

nisse und Hintergründe der Gegenseite deutlich zu machen. Wenn Sie dabei bemerken, dass die Gegenseite eigentlich gar kein Geld nötig hätte und es nicht (nur) wie so oft um finanzielle Aspekte geht, können Sie sicher sein, dass Sie mit Geldanreizen nicht weit kommen werden. Es sind dann Anreize in der Sache selbst, die Sie in Ihre Überlegungen einbeziehen sollten.

Ein Beispiel ist der Verlust des Arbeitsplatzes. In solchen Fällen streiten die Parteien oft um die Abfindung, also den Geldbetrag, der an den Arbeitnehmer fließt, um der Beendigung seines Arbeitsverhältnisses zuzustimmen. Meist ist das der alleinige Anreiz so mancher Klage vor dem Arbeitsgericht, aber manchmal liegt die Sache auch anders. Nehmen Sie einmal an, ein gekündigter Arbeitnehmer hat sich mit viel Fleiß und über lange Jahre in der Firma hochgearbeitet und soll nun gehen. Dieser Arbeitnehmer weiß genau, eine solche Stelle, wie er sie momentan noch innehat, wird er nur schwer wiederfinden. Und nehmen wir einmal an, es handelt sich um einen älteren Arbeitnehmer, der zudem noch die Hypotheken seines Häuschens abbezahlen muss. Einem solchen Arbeitnehmer wird wohl der tatsächliche Bestand seines Arbeitsplatzes wichtiger sein als der im Raum stehende Abfindungsbetrag. Diese Umstände werden eine Verhandlung ganz entscheidend prägen, und wenn man sie nicht kennt oder beachtet, macht man einen schweren Fehler.

Außerdem sollten Sie sich auch Gedanken über die gesamte Interessenlage Ihres Kontrahenten machen und sich

Hinterfragen Sie die konkrete Situation

nicht nur auf den Teilbereich beschränken, in dem der Konflikt angesiedelt ist. Machen Sie sich die Mühe und betrachten Sie so viele Aspekte wie möglich. Die Analyse der gegnerischen Interessen gibt Ihnen einen einzigartigen Hebel in die Hand. Sie haben in einer Verhandlung oder jeder anderen Auseinandersetzung die Möglichkeit, die Ernsthaftigkeit des gegnerischen Ansinnens zu prüfen. So vermeiden Sie, auf eine beliebte Taktik hereinzufallen, die erfahrene Anwälte oft verwenden: Anwälte eröffnen Nebenkriegsschauplätze, um die wahren Interessen zu verschleiern. Sie versuchen so, die eigenen Interessen bzw. die Interessen des Mandanten »durch die Hintertür« zu realisieren. Während Sie noch damit beschäftigt sind, den Nebenkriegsschauplatz zu bearbeiten, erfolgt der eigentliche Angriff der echten Interessen. Diese Taktik ist so alt wie sie auch verbreitet ist. Sie sollten sich der Interessenlage Ihres Gegners genauso bewusst sein wie Ihrer eigenen.

Das Umfeld durchleuchten

Untersuchen Sie also das Umfeld Ihres Kontrahenten so genau wie möglich. Die Ermittlung der Interessenlage ist aber vom jeweiligen Gegenüber abhängig. Im Falle von Firmen oder Organisationen finden sich im Internet eine Menge Hintergrundinformationen wie beispielsweise Geschäftsberichte und Zeitungsartikel oder andere Einträge. Dort können Sie dann Informationen finden, die Sie in Ihrer konkreten Situation benötigen. Sammeln Sie alle verfügbaren Informationen. Danach sollten Sie sich die Mühe machen, die Informationen zu strukturieren. Erstellen Sie eine Liste und ordnen Sie die Informationen. Diese Liste können Sie auch ruhig in eine Besprechung oder Verhandlung mitnehmen und daraus zitieren. Ihr Gegenüber wird beeindruckt sein von Ihrer Vorbereitung. Das wird Ihnen zusätzlich Respekt einbringen, was Sie wiederum Ihrem Ziel näherbringt.

Planen Sie ihre Argumentationsstrategie

Es ist grundlegend wichtig, sich Gedanken darüber zu machen, was man in einer Konfrontation sagen möchte. Im Idealfall haben Sie sich die richtigen Worte zurechtgelegt und »feuern« wie auf Knopfdruck den treffenden Satz ab. Die Vorüberlegungen münden also in einer Art Drehbuch, bei dem die Argumente und möglichen Gegenargumente festgehalten und die Aussagen vorformuliert werden. Das klingt gut, nur leider entspricht es nicht der Realität. Ich habe es noch nie erlebt, dass eine Verhandlung oder eine verbale Konfrontation nach dem zuvor geschriebenen »Drehbuch« abläuft. Wenn ein Drehbuch also nicht verlässlich funktioniert, müssen wir uns nach einer anderen Möglichkeit umsehen.

Machen Sie sich zunächst einfach Ihre Ziele klar. Am bes-

Planen Sie Ihre Argumentationsstrategie

ten erstellen Sie hierzu wieder eine kleine Liste. Nehmen Sie in die Liste alle Punkte auf, die Ihnen zum Thema der Konfrontation einfallen. Sortieren Sie die Liste hierarchisch nach Punkten, die Ihnen unverzichtbar, wichtig, weniger wichtig und unwichtig sind. Vergessen Sie aber nicht, dabei auch mögliche zukünftige Entwicklungen zu beachten. Schließlich werden in der Verhandlung oder Konfrontation die Weichen für die Zukunft gestellt.

Eine solche Zieleliste bietet Ihnen einen großen Vorteil: Sie verlieren nie den Überblick über das, was Sie eigentlich wollen. Wenn Sie immer wissen, was Sie wollen, dann werden Sie es auch immer sagen können. Und das ohne Drehbuch und zudem weitaus flexibler, weil Sie nicht an vorgefertigte Formulierungen gebunden sind.

Gute Anwälte arbeiten übrigens mit einer ähnlichen Zieleliste, nur dass sie diese meistens nicht zu Papier gebracht, sondern im Kopf abgespeichert haben.

Konfliktüberladene bzw. konfrontative Verhandlung

Verhandlungen sind Gespräche, bei denen die unterschiedlichen Auffassungen der Gesprächspartner ausgetauscht werden. Wenn hier im Buch immer wieder von Verhandlungen die Rede ist, sind also nicht in erster Linie Verhandlungen vor Gericht gemeint, sondern alle Gespräche, die zum Austragen bzw. zur Lösung eines Konflikts beitragen sollen.

Im Rahmen einer Verhandlung findet ein Informationsaustausch der Beteiligten statt, bei dem die unterschiedlichen Interessenlagen zu Gehör gebracht und im Idealfall die unterschiedlichen Ansichten vereint werden. Oft lässt sich diese Vereinung der Interessenlagen aber nicht erreichen, da es sich um konfliktüberladene oder konfrontative Gespräche handelt. Bei konfrontativen Verhandlungen stehen sich die Interessenlagen dergestalt gegenüber, dass das Durchsetzen der Interessenlage einer Seite substanzielle Teile der Interessenlage der Gegenseite berührt. Anders als etwa bei einem Verkaufsgespräch, bei dem sich die Interessenlage beider Verhandlungsparteien durchaus so vereinigen können, dass alle Beteiligten zufrieden sind, steht bei einer konfrontativen Verhandlung »mehr auf dem Spiel«. In der Regel besteht bei solchen Verhandlungen ein zwischen den Parteien stehendes Problem als Verhandlungsauslöser. Die Parteien streiten also über verschiedene Positionen. Werden solche Verhandlungen ungefiltert bzw. ohne regelndes System geführt, prallen die Verhandlungspositionen aufeinander, und es kommt zum Konflikt. Das führt dann oft zu kostspieligen Rechtsstreitigkeiten. Entscheidend an dieser Stelle ist zu wissen, ob man im Wege einer Einigung besser fahren wird als bei der kompromisslosen Durchsetzung seiner Rechte. Diese Überlegung sollte generell vor jeder Verhandlung stehen.

Eine Verhandlung ist also eine Form des Informationsaustausches. Die Kunst besteht hierbei, den Informationsaustausch so zu gestalten, dass die Interessen und Er-

Planen Sie Ihre Argumentationsstrategie

wartungen beiderseits ausreichend gewahrt bleiben, die eigenen Interessen aber ein Übergewicht erlangen. Das ist ein komplizierter Kommunikationsvorgang, der einer gewissen Übung bedarf. Sie sollten sich im Klaren darüber sein, dass jedes Detail wesentlich sein kann: die Art der Ausdrucksweise, die Sitzposition, der Verhandlungsort und natürlich die Teilnehmer einer solchen Verhandlung. All diese Kriterien werden bei Ihrem Verhandlungspartner ein Bild der Situation entstehen lassen, auf das er reagieren wird. Fühlt er sich bedroht, wird er versuchen sich zu schützen. Fühlt er sich überlegen, wird er versuchen Sie zu attackieren. Kann er die Lage nicht richtig einordnen oder ist er sich nicht sicher, wird er versuchen die Lage zu sondieren und herauszufinden, woran er ist.

Wie bereite ich mich auf eine Verhandlung vor?

Um sich optimal vorzubereiten, sollten Sie sich über Ihr Verhandlungsziel, Ihre Interessenlage, die Interessen Ihres Verhandlungspartners und die möglicherweise eintretenden Alternativen ein möglichst genaues Bild machen. Mit anderen Worten: Sie sollten also das Verhandlungsumfeld so gründlich untersucht haben, dass Sie sich dort sicher fühlen. Diese Sicherheit werden Sie in Verhandlungen ausstrahlen und damit Ihr Gegenüber beeindrucken. Das kann zum entscheidenden Faktor werden.
Bei der Vorbereitung sind zwei Schritte notwendig. Zum einen sollten Sie sich mit der zugrundeliegenden Situa-

tion so weit beschäftigen, dass Sie die Rechtslage der Situation zumindest kurz analysieren. Wenn Sie die Rechte und Pflichten kennen, können Sie im zweiten Schritt Ihre Ziele formulieren und umsetzen.

Machen Sie sich klar, welche Verhandlungsziele Sie verfolgen. Nehmen Sie sich dazu einen Zettel und notieren Sie, was Sie eigentlich möchten.

Die Zieleliste als Basis

Erstellen Sie eine Liste, auf der Sie Ihre Ziele vermerken. Scheuen Sie sich nicht, alles, was Ihnen im Zusammenhang mit der Konfliktsituation wichtig erscheint, aufzuschreiben. Ziele streichen können Sie immer noch, falls Sie merken, dass dieser oder jener Aspekt doch nicht so wichtig ist. Verändern Sie die Zieleliste so lange, bis Sie sich sicher sind, dass alle Ziele darauf Ihren Wünschen entsprechen und Sie von ihr überzeugt sind. Oftmals ergibt sich aus der Gesamtheit der Liste erst das entscheidende Bild Ihrer Ziele. Diese Zieleliste ist später Ihr persönlicher Fahrplan. Dabei ist es egal, ob Sie die Zieleliste vor sich auf den Tisch legen oder sie im Kopf abgespeichert haben. Ich würde Ihnen aber raten, die Zieleliste auf jeden Fall in die Verhandlung mitzunehmen. Zum einen können Sie dann Ihre Ziele mit der Verhandlungsrealität vergleichen und auch – wenn nötig – anpassen. Zum anderen gehen Sie sicher, dass Sie nichts vergessen, da Sie ja alles notiert haben.

Planen Sie Ihre Argumentationsstrategie

So entsteht Ihre Zieleliste

Sie haben sich nun also Ihre Gedanken gemacht und sich gefragt, was genau Sie in der Verhandlung erreichen wollen, und wie Ihre Ziele aussehen. Das alles haben Sie notiert. Diese Notizen stellen zunächst noch keine geeignete Zieleliste dar, da sie noch zu unstrukturiert sind. Bringen wir also Struktur in Ihre Zieleliste.

Nehmen Sie einfach ein zweites Blatt zur Hand. Auf dieses zweite Blatt notieren Sie nun die Ziele in der Reihenfolge von oben nach unten, wie es der Gewichtung entspricht, die Sie festlegen. Also das wichtigste Ziel zuerst, dann das zweitwichtigste usw. Und wenn Sie sich bei zwei Zielen nicht entscheiden können, welches wichtiger ist, dann nehmen Sie beide mit der gleichen Rangfolge auf die Liste. Setzen Sie auch ruhig eine Nummerierung davor, damit Sie in der Verhandlungssituation sofort erkennen, welche Ziffer und welche Wichtigkeit der jeweilige Punkt hat. Das erleichtert auch in hektischen Verhandlungssituationen einen schnellen Überblick. Das Erkennen der Wertigkeit eines Ziels verhindert, dass Sie in der Hektik der Verhandlung und in der mit ihr verbundenen Aufregung ein Ziel opfern, das Ihnen sehr wichtig ist, oder andererseits ein Zugeständnis annehmen, das Ihnen eigentlich gar nichts wert ist. Lesen Sie sich den Zettel nach einer Weile noch einmal durch und streichen Sie unwichtige Punkte.

Das ist der Kernpunkt der Zieleliste – dass Sie Ihre Ziele gewichten. Nehmen Sie sich die Zeit und betrachten Sie

Ihre Ziele genau. Was ist Ihnen besonders wichtig? Was kann unter den Tisch fallen? Das wird dann wichtig, wenn ein Nachgeben während der Verhandlung angezeigt ist. Wenn Ihnen gewisse Ziele nicht so wichtig sind, wird es Ihnen auch in der Verhandlung leichter fallen, davon abzurücken oder diese gar fallen zu lassen. Dieses Nachgeben kann bei der Verhandlung in ein Zugeständnis der Gegenseite an einer anderen Stelle umgewandelt werden. Sie werden damit Ihre wichtigen Ziele durchsetzen und die nicht so wichtigen verlieren. Unter dem Strich wird dabei eine bessere Position für Sie herausspringen.

Bevor Sie die Zieleliste nun effektiv einsetzen können, sollten Sie noch eine weitere Einteilung vornehmen. Diese Einteilung wird Ihnen sehr helfen, noch erfolgreicher Ihr Ziel zu erreichen. In der Regel schreiben viele Menschen mehr auf, als dann in einer Verhandlung auch um- bzw. eingesetzt werden kann. Um nun zu vermeiden, dass der Zettel zu umfangreich wird, sollten Sie eine weitere Klassifizierung der Ziele und Vorgaben vornehmen. Eine Nummerierung haben Sie ja schon, jetzt sollten Sie die Liste in Blöcke einteilen. Fassen Sie dazu jeweils drei Ziele zu einem Block zusammen. Also die drei wichtigsten Ziele sind der erste Block, die nächsten drei der zweite Block usw. Damit haben Sie eine optimale Übersichtlichkeit bei der Zieleliste erreicht.

Planen Sie Ihre Argumentationsstrategie

Nachverhandlung mit einem Handwerker

Zur Anwendung der Zieleliste ein kleines Anwendungsbeispiel. Sie haben einen Reklamationstermin mit einem Handwerker. Die von ihm ausgeführten Arbeiten erscheinen Ihnen mangelhaft. Selbstverständlich sieht der Handwerker das anders. Um die Angelegenheit zu klären, vereinbaren Sie ein Gespräch vor Ort. Der Handwerker erscheint, und Sie beide begutachten seine Arbeit. Sie weisen auf die (berechtigten) Mängel hin, und der Handwerker spielt sie herunter. Sie merken aber sehr schnell, dass er es nicht auf eine weitergehende Auseinandersetzung ankommen lassen möchte. Die schadet ja bekanntlich dem Ruf eines Handwerksbetriebs, dessen Erfolg auch auf der Weiterempfehlung zufriedener Kunden basiert. Außerdem waren Sie so clever und haben die Rechnung nicht vollständig bezahlt, denn Sie bezahlen erst nach vollständiger und ordnungsgemäßer Leistung. Der Handwerker möchte nun so schnell wie möglich an sein Geld kommen, aber keinen großen Aufwand mit Nachbesserungen haben.
Im Zuge des Gesprächs bietet er Ihnen deshalb eine Lösung an, wobei aber nicht alle von Ihnen beanstandeten Punkte inbegriffen sind; Sie bekommen dafür aber einen Nachlass auf den Preis. Sie müssten also auf einige Punkte verzichten, sparen aber bares Geld. Sie sind nun in der schwierigen Situation, auf der Stelle den Wert des Angebots abschätzen zu müssen, um nicht über den Tisch gezogen zu werden. Gleichzeitig haben Sie auch eine Abwägung dahingehend

vorzunehmen, inwieweit die vollständige Durchsetzung Ihrer Ansprüche unter Berücksichtigung des Angebots des Handwerkers überhaupt noch sinnvoll erscheint. Wie geht das nun auf die Schnelle? Am effektivsten ist es, wenn Sie sich Ihre Zieleliste ansehen und dabei auf die Nummerierung und die Blockeinteilung achten. Da ein Punkt umso wichtiger ist, je weiter oben er auf der Liste steht, können Sie mit einem Blick die Wertigkeit abschätzen. Sie sehen also sofort, welche Wertigkeit für Sie persönlich das Angebot des Handwerkers hat. Damit sichern Sie sich gegen eine Übervorteilung ab und schaffen eine angemessene und ausgeglichene Situation. Mit anderen Worten: Sie schaffen eine gerechte Situation für sich.

Identifizieren Sie Ihre wirklichen Interessen

Ohne Ziele kann man sich nicht nur im Leben, sondern auch in der Konfrontation gehörig verlaufen. Die Bestimmung der Ziele ist deshalb eine der entscheidenden Phasen. Sie entscheidet den Weg und auch die Vorgehensweise. Die Zieleliste haben wir bereits angesprochen. Ein grundlegender Aspekt bei der Zielbestimmung kommt nachfolgend zur Sprache.
Dieser Aspekt ist in meinen Augen sogar der wichtigste bei der Zielfindung und betrifft in erster Linie Sie ganz persönlich. Es geht nämlich um Manipulation und eigene Interessen. Genauer gesagt um fremde Einflussnahme auf Ihre Interessen und damit um eine mögliche Verfälschung Ih-

Planen Sie Ihre Argumentationsstrategie

rer Ziele. Nicht selten werden Außenstehende versuchen, Einfluss auf Ihre Ziele zu nehmen und sich dadurch einen Vorteil zu sichern. Fremde Interessen schleichen sich so in Ihre Ziele ein. Im Extremfall riskieren Sie eine Konfrontation für Ziele, die eigentlich gar nicht Ihre eigenen sind, sondern geschickt von anderen auf Sie übertragen wurden. Das führt zu einem doppelten Fiasko: Sie setzen sich für fremde Ziele ein, von denen Sie aber denken, es wären Ihre eigenen, und Sie riskieren alle negativen Folgen einer Konfrontation. Schließlich erkennen Sie irgendwann, dass Sie sich – erfolgreich oder erfolglos – für die »falschen« Ziele eingesetzt haben, was Ihre Anstrengung entwertet oder gar zunichte macht.

Um aber Missverständnisse auszuschließen, möchte ich eines betonen: Es geht nicht darum, nur die eigenen Ziele zu vertreten und sich nicht für die Interessen anderer Menschen einzusetzen. Es gibt sicher genug Menschen, die auf Beistand angewiesen sind. Man soll sich ruhig bewusst für die Menschen einsetzen, deren Interessen unterstützenswert sind. Es geht hier lediglich um solche Interessen, die Ihnen »untergeschoben« werden und von denen Sie dann denken, es wären Ihre eigenen Interessen. In der Regel versucht dabei ein anderer bei Ihnen Begehrlichkeiten zu wecken, deren Erreichen dann sein eigenes Ziel fördert.

Sie glauben nicht, dass es das gibt, oder Sie denken, dass Sie das sofort merken würden? Mittlerweile haben sich ganze Wirtschaftszweige auf die Manipulation Dritter spezialisiert und sind auch sehr erfolgreich darin. Denken Sie einfach an die Werbebranche oder auch nur an PR-Maßnahmen. Dort werden Manipulationsversuche auf höchstem Niveau unternommen, denn in den seltensten Fällen geht es um bloße Produktinformation, sondern vielmehr um die Schaffung von Kaufanreizen. Das soll nicht heißen, dass die Werbe- oder PR-Branche verwerflich oder verachtenswert ist. Es soll Ihnen lediglich zeigen, dass Manipulation weit verbreitet ist und auch ein gewisses Ansehen genießen kann. Fragen Sie sich deshalb, ob Sie dieses oder jenes Ziel wirklich selbst anstreben oder wie Sie auf diese »Idee« gekommen sind. Fremde Interessen sollten Sie genauestens unter die Lupe nehmen. Sonst laufen Sie Gefahr, zu einem Streitross für andere zu werden und am Ende mit leeren Händen dazustehen. Oder besser gesagt mit einer Menge Ärger und Stress am Hals, was zu keinem vernünftigen Ziel führt, weil Sie gar nicht für Ihre eigenen Interessen unterwegs sind.

Verhängnisvolle Ablenkungsmanöver

Zu diesem Thema kann ich eine denkwürdige Geschichte von einem Klienten erzählen, den wir hier Paul nennen wollen. Paul arbeitet in einem Elektrogroßmarkt. Dieser Elektrogroßmarkt hat – wie die meisten anderen Elektrogroßmärkte auch – samstags geöffnet. Die Mitarbeiter wechselten also ihre Schichten entsprechend ab, um nicht jeden Samstag arbeiten zu müssen. Halt, nicht alle: Paul arbeitete jeden Samstag, obwohl er das eigentlich nicht wollte. Auch er wollte samstags mit seiner Familie etwas

Planen Sie Ihre Argumentationsstrategie

unternehmen oder auch einfach nur frei haben. Aber das ging nicht, denn er war jeden Samstag zum Dienst eingeteilt. Irgendwann wurde es ihm zu viel und er ging zu seinem Vorgesetzten, um eine andere Einteilung der Samstagsarbeit für sich zu erreichen. In diesem Gespräch trug Paul also vor, dass er der einzige sei, der alle Samstage arbeitet. Und dass er das als ungerecht empfindet. Sein Vorgesetzter bot ihm darauf an, dass er jeden Monat einen zusätzlichen Warengutschein über 75 Euro erhalten könnte. Paul war begeistert, denn er arbeitete in dem Elektrogroßmarkt nicht nur, er interessierte sich auch sehr für die Waren. Elektroartikel übten eine große Faszination auf ihn aus. Er nahm also den Vorschlag an. Als er zu Hause war, berichtete er von seinem Gespräch und blickte in eine niedergeschlagene Runde. Sein jüngster Sohn sah ihn an und sagte: »Aber Papa, du wolltest doch eigentlich samstags zu Hause sein und jetzt musst du wieder arbeiten.« Die entwaffnende Logik seines fünfjährigen Sohnes machte ihm klar, dass er einen Fehler begangen hatte. Er hatte sein eigentliches Ziel aus den Augen verloren und stattdessen ein Lockangebot angenommen. Das zweite Gespräch mit dem Vorgesetzten über die Thematik ging ebenfalls gründlich schief, da Paul nicht wirken wollte wie jemand, der nicht wusste, was er eigentlich wollte. Und da er dieses Problem nicht lösen konnte, verlor er mehr und mehr in der Gunst seiner Frau. Nach einiger Zeit verließ sie ihn, auch sie wollte nicht immer auf ihren Mann am Wochenende verzichten. Paul musste schmerzlich erleben, welche

Auswirkungen es haben kann, wenn man seine eigentlichen Ziele nicht im Auge behält und durchsetzt. Er hat nicht bekommen, was er eigentlich wollte, aber stattdessen alles verloren, was ihm wichtig war.

Vorsicht vor Verhandlungsfallen

Trotz optimaler Vorbereitung läuft man immer Gefahr, bei einem Gespräch in eine Verhandlungsfalle zu tappen. Solche Verhandlungsfallen sind zwar gefährlich, können aber leicht umgangen werden – man muss sie einfach kennen, dann kann nichts passieren. Denn auch hier gilt: Gefahr erkannt, Gefahr gebannt!

Beschäftigen wir uns nun mit den meiner Einschätzung nach häufigsten Verhandlungsstolpersteinen. Es ist eine Art Top Ten der Verhandlungsfallen – mit den dazu passenden Lösungstipps.

1. Falle: Undurchsichtige Verhandlungssituationen

Es kann vorkommen, dass Ihr Verhandlungspartner seine Ziele nicht preisgibt. Stattdessen versteckt er sich hinter Allgemeinfloskeln und macht vage Andeutungen. In solchen Verhandlungssituationen haben Sie immer das Gefühl, dass Sie im Dunkeln stehen.

Vorsicht vor Verhandlungsfallen

Die 10 häufigsten Fallen

1. Undurchsichtige Verhandlungssituationen
2. Unvollständige und ungeordnete Unterlagen
3. Fehlende Alternativen
4. Negative äußere Umstände
5. Verhandlungssprache und Fachchinesisch
6. Rhetorische Blasen und Pausenattacken
7. Mit der Tür ins Haus fallen
8. Auswendig Gelerntes abspulen
9. Unkonzentriert zuhören
10. Sofort antworten

Jeder wird es kennen, in einer konfrontativen Verhandlung auf irgendwelche angeblichen Verfehlungen mit dem Hinweis angesprochen zu werden: »Das hat mir jemand erzählt.« Ihr Verhandlungspartner wird in dem Beispielsfall ständig diesen Jemand bemühen, ohne Namen zu nennen. Lassen Sie das nicht zu, sondern fragen Sie nach den Quellen. Machen Sie ihm deutlich, dass Sie eine Quelle ohne Namensnennung nicht akzeptieren. Nichts spricht gegen eine Aufdeckung der Quelle, wenn es sich bei den Aussagen nicht nur um einen Bluff handelt. Auch hier gilt die Regel, dass Sie, um die Offenlegung einzufordern, wahrscheinlich

umso mehr an sich glauben müssen, je höher die Position Ihres Gegenübers ist. Zum Kernpunkt des Glaubens an sich selbst kommen wir im nächsten Teil des Buches.
Ebenso werden manchmal Tatsachen in das Verhandlungsgespräch eingeführt, die nicht so einfach nachgeprüft werden können. Sollten Sie in eine solche Situation kommen, in der Sie nicht sicher sind, ob sich die mitgeteilten Abläufe tatsächlich so zugetragen haben, unterbrechen Sie die Verhandlung kurz. Teilen Sie Ihrem Gegenüber mit, dass Sie die von ihm gemachten Angaben überprüfen möchten. Kündigen Sie ein Telefonat an, das Klärung bringen wird. Achten Sie dabei auf die Reaktion Ihres Verhandlungspartners. Beachten Sie, wie er sich auf die Ankündigung der Unterbrechung zur Nachprüfung der Wahrheit verhält. Wie sehen seine Gesichtszüge aus, macht er abwehrende Handbewegungen? Dann scheint ihm Ihre Nachforschung unangenehm zu sein. Eine Geste, die das oft verrät, ist das heftige Weglegen eines Stifts. Es gibt natürlich noch viele andere Möglichkeiten, sein Missfallen auszudrücken. Verlassen Sie sich auf Ihren Bauch und deuten Sie die Gesten und Aussagen. Fragen Sie nach, ob es Ihr Gegenüber stört, dass Sie das Gesagte nachprüfen. Formulieren Sie die Frage aber offen, also so, dass man sie nicht mit Ja oder Nein beantworten kann. Fragen Sie einfach, wie lange Sie die Verhandlung unterbrechen können, um das Telefonat zur Überprüfung zu führen. Das erscheint höflich, gleichzeitig ist es eine »Fangfrage«. Da ein solches Telefonat wohl kaum länger als fünf bis zehn

Vorsicht vor Verhandlungsfallen

Minuten dauern wird, ist eine Verzögerung wohl kein Problem. Wenn Ihnen Ihr Gegenüber aber trotzdem eine Überprüfung aus zeitlichen Gründen verwehren will, scheint etwas nicht in Ordnung zu sein. Sie sollten dann nachfragen, ob er etwas zu verbergen hat. Haken Sie ruhig auch noch in der Antwort auf Ihre Frage nach und schildern Sie Ihren Eindruck, dass es Ihrem Gegenüber nicht genehm zu sein scheint, wenn Sie Nachforschungen anstellen. Verlassen Sie sich in dieser Situation auf Ihren gesunden Menschenverstand und Ihr Bauchgefühl. Wenn Sie der Auffassung sind, dass es nicht stimmt, was man Ihnen erzählt hat, sagen Sie das ruhig. Formulieren Sie aber immer höflich und nie, als wäre es eine Tatsache, dass Ihr Gegenüber nicht die Wahrheit gesagt hat. Man kann etwa sagen: »Das fällt mir schwer zu glauben, aber ich werde dem nachgehen.« Zu direkt wäre die Formulierung: »Das stimmt doch nicht.« Einen solchen absoluten Satz sollten Sie nur sagen, wenn Sie sicher sind, dass Sie angelogen wurden.

Vielleicht werden Sie in einer Verhandlung aber auch mit »unmoralischen Angeboten« konfrontiert. Da bietet Ihnen Ihr Verhandlungspartner im Falle des Nachgebens schon mal einen Vorteil auf anderer Ebene an.

Es gibt zwar kein Patentrezept, wie man sich verhalten sollte, wenn Sie mit unseriösen oder gar kriminellen Angeboten konfrontiert werden, es bietet sich aber eine Frage nach dem Beweggrund an. Fragen Sie Ihr Gegenüber einfach, wie er denn das eben Gesagte meine. Wenn er es dann ausführt, bitten Sie ihn, Ihnen das kurz schriftlich zu geben, da Sie darüber nachdenken müssen. Ratsam erscheint es aber in jedem Fall, eine Verhandlung an dieser Stelle dann nach Hinweis auf eine kurze Überprüfung zu unterbrechen. Möglicherweise machen Sie sich mit der Annahme eines verlockenden Angebots strafbar und damit angreifbar. Ihr Verhandlungspartner hat dann leichtes Spiel. Achten Sie deshalb darauf, derartige Angebote zu umgehen. Auch hier kann der gesunde Menschenverstand helfen. Verlassen Sie sich ruhig auf Ihr Bauchgefühl, wenn es Ihnen sagt, dass hier etwas nicht stimmen kann.

2. Falle: Unvollständige und ungeordnete Unterlagen

Vielleicht haben Sie das auch schon erlebt: Eine Besprechung steht an, und Sie haben Zeitdruck. Der Zeitdruck braucht nichts mit der Besprechung zu tun zu haben, es kann etwa das kranke Kind sein, das Sie unerwartet zum Arzt bringen müssen, oder ein anderer Termin verzögert sich und wirft Ihre gesamte Zeitplanung über den Haufen. Dieser Zeitdruck kann eine fatale Folge haben: unvollständige Unterlagen. Richtig fatal wird das Ganze, wenn Sie wichtige Unterlagen nicht bei sich haben. Damit haben Sie bereits das erste Eigentor geschossen. Deshalb sollten Sie die Unterlagen rechtzeitig vorbereiten und vollständig bereitlegen. Anwälte verwenden hier einen ebenso wirkungsvollen wie simplen Trick. Sie heften ab Beginn einer Konfrontation alle Unterlagen in einen gesonderten Ord-

Vorsicht vor Verhandlungsfallen

ner und beschriften ihn entsprechend des Vorgangs. So haben sie nicht nur alle Unterlagen auf einen Griff, sie haben sie auch noch chronologisch geordnet. Neue Unterlagen werden oben abgeheftet, sodass sich ein Zeitablauf von hinten nach vorne ergibt: Die ältesten Unterlagen sind ganz hinten, die neuesten ganz vorne. Das bringt uns auch schon an einen weiteren wichtigen Punkt: Die Ordnung in den Unterlagen.

Zwar ist es ein schwerer Fehler, ohne ausreichende Unterlagen in eine Besprechung zu gehen. Noch schlimmer ist es allerdings, wenn man ungeordnete Unterlagen mitführt und dann beginnt, hektisch nach irgendwelchen Schriftstücken zu suchen. Das vermittelt Ihrem Gegenüber den Eindruck, Sie seien nicht richtig vorbereitet, und gibt ihm Oberwasser. Sollten Sie also Unterlagen mit sich führen und diese auch verwenden wollen, so müssen Sie sich bei der Anordnung der Schriftstücke bestens auskennen. Nichts wirkt souveräner als der gezielte Griff in die Unterlagen und das sofortige Präsentieren des in diesem Moment gefragten Schriftstücks. Erfahrene Anwälte markieren sich die Unterlagen bereits beim Durchlesen mit entsprechenden Einmerkern. Eine kleine Investition, die große positive Auswirkung hat und sich in jedem Fall lohnt.

Durch den zielsicheren Griff in die Unterlagen strahlen Sie Souveränität aus, was Ihnen den Respekt Ihres Verhandlungspartners einbringt. Sie wirken kompetent und sicher, Ihre Argumente und Ansichten haben in den Augen Ihres Verhandlungspartners deutlich an Gewicht gewonnen.

Souveränität wird Ihnen immer helfen. Dadurch erhalten Sie mehr Durchschlagskraft, die unmittelbar zur Verbesserung Ihrer Verhandlungsposition beiträgt.

3. Falle: Fehlende Alternativen

Bevor Verhandlungen begonnen werden, sollten Sie wahrscheinliche alternative Entwicklungen vorhersehen. Dabei gibt es im Wesentlichen drei Möglichkeiten. Die erste Möglichkeit ist, Sie gelangen mit Ihren Wünschen und Vorstellungen vollständig ans Ziel, die zweite Möglichkeit ist, Sie scheitern vollständig mit Ihren Wünschen und Vorstellungen, und die dritte Möglichkeit ist, es entsteht im Wege des gegenseitigen Nachgebens eine Lösung, die beide Interessenlagen der Verhandlungspartner berücksichtigt. Ausgehend von dieser Betrachtungsweise lässt sich dann eine Verhandlungsstrategie erstellen. Sie sollten sich also im Vorfeld Gedanken machen, welche Konsequenzen sich aus den drei Alternativen ergeben.

Wenn Ihnen im Vorfeld klar ist, wie die Konsequenzen der jeweiligen Alternative ausfallen, haben Sie in der Verhandlung bessere Karten. Sie können dann bereits abschätzen, welche Schwerpunkte Sie in der Verhandlung setzen müssen, um Rückschläge zu vermeiden. Auf gar keinen Fall sollten Sie sich in einer Verhandlung ratlos fragen müssen: »Was mache ich jetzt bloß?« Die Gefahr, an dieser Stelle eine falsche Entscheidung zu treffen, ist sehr groß.

Am besten lässt sich das an einem einfachen Beispiel ver-

Vorsicht vor Verhandlungsfallen

deutlichen: Sie gehen zu Ihrem Arbeitgeber und möchten eine Gehaltserhöhung. Sie sind vorbereitet mit den besten Argumenten, die Ihre Tätigkeit beschreiben und aufwerten. Im Lauf der Besprechung stellt sich aber heraus, dass Ihr Arbeitgeber keinesfalls eine Gehaltserhöhung vornehmen will, vielmehr stellt er die Kündigung in Aussicht. Sie sind dann an einem Punkt angelangt, an dem Sie sich Gedanken machen müssen, ob Sie nun die Forderung einer Gehaltserhöhung (mit dem damit verbundenen totalen Gesichtsverlust) zurückziehen oder ob Sie möglicherweise eine Kündigung des Arbeitsverhältnisses riskieren. Sind Sie an dieser Stelle unvorbereitet, werden Sie möglicherweise die falsche Entscheidung treffen.

Bei gewissenhafter Vorbereitung wäre die Beschäftigung mit der Frage notwendig gewesen, ob ein Arbeitgeber als Gegenreaktion auf Ihre Forderung überhaupt das Arbeitsverhältnis kündigen darf. Darf er es nicht, können Sie gelassen dieser Argumentation entgegenblicken und auf Ihrer Gehaltsforderung beharren. Kann er es dagegen kündigen, sollten Sie eine vorsichtigere Variante der Verhandlung anschlagen. Die Güte Ihrer Argumente hängt somit entscheidend von der Vorbereitung ab.

4. Falle: Negative äußere Umstände

Bevor man nun seine Interessen wahrnimmt oder versucht, eine Verhandlung erfolgreich zu absolvieren, sollte auch Augenmerk auf die äußeren Umstände gelegt werden. So ist es unter anderem wichtig, wo die Verhandlung stattfindet.

Der Ort hat wesentlichen Einfluss auf das Klima und den Ausgang dieser Verhandlung. Lädt man z. B. jemanden in sein Büro oder zu sich nach Hause ein, so befindet sich der eingeladene Verhandlungsgegner für seine Wahrnehmung auf »feindlichem« Gelände. Er ist in Ihrem Revier und wird dort immer vorsichtiger, zurückhaltender und abwehrender agieren als an einem anderen, neutralen Ort. Für die meisten Verhandlungen ist es wichtig, nicht von vornherein eine Abwehrhaltung des Verhandlungspartners entstehen zu lassen, die die Durchsetzung der eigenen Interessen erschweren oder gar unmöglich machen kann.

Weit verbreitet ist die sogenannte »Hinhalte«-Methode. Dabei wird ein Verhandlungstermin vereinbart, der Verhandlungspartner erscheint, muss aber noch eine gewisse Zeit warten. Wenn Sie selbst einmal in der Situation des Wartenden gewesen sind, werden Sie bestätigen können, dass man sich dabei nicht sonderlich wohlfühlt. Der Verhandlungspartner, der Sie warten ließ, hat damit eine gewisse Dominanz und Macht demonstriert. Er hat zum Ausdruck gebracht, dass er über Ihre Zeit bestimmen kann. Er hat sich also über Sie gestellt. Im Bewusstsein dieser Machtdemonstration wird die Verhandlung wohl einen anderen Gang nehmen, als wenn man sich auf gleicher Augenhöhe gegenübersitzt. Lässt man also einen Verhandlungspartner warten, hat das bereits den ersten kleinen Nadelstich versetzt. Man muss also vorher analy-

Vorsicht vor Verhandlungsfallen

sieren, ob ein derartiger Nadelstich angebracht ist. Angebracht kann er dann sein, wenn man sich in einer deutlich stärkeren Verhandlungsposition befindet und dieser vorhandenen Stärke noch zusätzlich Nachdruck verleihen möchte. Das macht Sinn, wenn man den Widerstand der Gegenseite frühzeitig brechen möchte, um langwierige Verhandlungen oder gar nachfolgende Verfahren zu vermeiden. In anderen Situationen kann diese Taktik kontraproduktiv sein. Sie sollten deshalb genau überlegen, ob Sie über derart starke Argumente verfügen. In Pattsituationen empfiehlt sich diese Vorgehensweise nicht.

Wählen Sie auch den Verhandlungsraum sorgfältig und achten Sie auf die Anordnung des Mobiliars. So kann etwa eine Sitzposition, bei der Verhandlungspartner frontal zueinander sitzen, nonverbal Ihre Konfrontation signalisieren. Wenn Sie also nicht die eindeutig stärkeren Argumente haben, wählen Sie nicht die konfrontative Position. Versuchen Sie, sich über Eck oder an einen runden Tisch zu setzen, das entschärft die Situation. Die bloße Möglichkeit der anderweitigen Anordnung eröffnet Ihnen dann die Möglichkeit, den Verhandlungspartner zu Zugeständnissen zu bewegen, die er in der frontalen, konfrontativen Sitzposition wohl nicht gegeben hätte.

Andererseits sollten Sie aber auch eine zu entspannte Atmosphäre vermeiden, da in solchen Atmosphären die Probleme oder die zu klärenden Punkte in der Regel schnell unter den Tisch gekehrt werden, ohne dass eine befriedigende Lösung gefunden wurde. Diese entspannten oder jovialen

Verhandlungen finden meistens in Restaurants oder Caféhäusern statt, wo man sich dann letztendlich mit den wesentlichen Dingen des Lebens, der guten Mahlzeit oder den leckeren Getränken am Tisch beschäftigt. Für Lösungen und die Durchsetzung eigener Interessen bleibt dort nur wenig Raum.

Oft gibt es Verhandlungen, bei denen Sie den Ort nicht wählen können. Beispielsweise darf dies für Gespräche mit dem Vorgesetzten angenommen werden, die in der Regel in dessen Büro stattfinden. Besprechungen finden dann auf für Sie »feindlichem« Terrain statt. Sie sollten sich das vor Augen führen, damit Sie nicht automatisch eine Abwehrhaltung einnehmen und sich damit schlechtere Argumente und damit eine schlechtere Verhandlungsposition aneignen. Seien Sie sich dessen bewusst und konzentrieren Sie sich auf Ihre Argumente.

Besonders wichtig bei Verhandlungen im »feindlichen« Gebiet ist, dass Sie das »Revier« des Verhandlungspartners akzeptieren. Vermeiden Sie sämtliche Handlungen, die besitzergreifend oder gar respektlos sind. So sollten Sie, wenn Sie vor dem Schreibtisch Ihres Vorgesetzten sitzen, nicht die Füße weit unter diesen Schreibtisch strecken. Das wird oft als Geste des Beanspruchens von Raum und somit als Machtdemonstration missverstanden. Ein Vorgesetzter wird sich angegriffen fühlen und eine entsprechend aggressivere Verhandlungsposition einnehmen. Er wird jedes Zugeständnis ablehnen, weil er sich bedroht fühlt. Das geschieht meistens unterbewusst. Solche Verhandlun-

Vorsicht vor Verhandlungsfallen

gen führen meistens zur Eskalation und erschweren die Durchsetzung Ihrer Ansprüche und Rechte.

5. Falle: Verhandlungssprache und Fachchinesisch

Nicht nur der Ort und die Zeit ist für den Erfolg entscheidend, auch die Ausdrucksweise. Damit ist nicht die Sprache im eigentlichen Sinne gemeint, sondern die Wahl des Sprachniveaus und der Wörter. Es kann vorkommen, dass Personen, die die gleiche Sprache sprechen, sich dennoch nicht verstehen, weil sie sich unterschiedlich ausdrücken. Dieses landläufig als »Missverständnis« bezeichnete Phänomen kommt insbesondere dann vor, wenn Fachbegriffe verwendet werden, also wenn eine Seite »Fachchinesisch« spricht. Sie werden sich leicht vorstellen können, dass eine sinnvolle Lösung in einem solchen Sprachklima des Aneinander-vorbei-Redens nicht möglich ist. Die fehlende Verständigung führt dazu, dass eigentlich stichhaltige Argumente gar nicht gehört werden. Wenn Sie merken, dass beim Meinungsaustausch nicht die gleiche Sprache gesprochen wird und es zu Missverständnissen kommt, versuchen Sie Ihre Sprache anzupassen oder Ihr Gegenüber zur Anpassung an Ihre Ausdrucksweise zu bringen. Finden Sie also die richtige Sprache, dann haben Sie den ersten Schritt zu Lösung bzw. zur Durchsetzung Ihrer Ansprüche getan. Bei manchen Verhandlungen ist es beliebt, Fachchinesisch zu sprechen. Lassen Sie sich nicht dazu hinreisen, in Fachchinesisch zu antworten oder gar selbst Fachchinesisch zu verwenden. Eine Ausnahme kann gelten, wenn Sie in der entsprechenden Branche tätig sind und dort mit einem Fachmann sprechen und die Fachbezeichnungen unabdingbar sind. In normalen Verhandlungen kann das aber nicht der Fall sein.

Hier sollte allerdings auf die juristische Verhandlungssprache hingewiesen werden. In gerichtlichen Verhandlungen und bei der Durchsetzung der Rechte ist es entscheidend, auch juristische Formulierungen zu kennen. Dabei ist es weiter wichtig, dass Sie wissen, was mit dem jeweiligen Begriff gemeint ist. So haben umgangssprachliche Begrifflichkeiten in einem juristischen Zusammenhang oft eine ganz andere Bedeutung. Das Wort »grundsätzlich« ist dafür ein gutes Beispiel. Während man im normalen Sprachverkehr mit dem Wort »grundsätzlich« eine Art Ausnahmslosigkeit verbindet, also einen Zustand, der immer und überall gelten soll, ist dies im juristischen Kontext anders. Im juristischen Kontext bedeutet das Wort grundsätzlich, dass diese Regelung nur dem Grundsatz nach gelten soll, aber durchaus Ausnahmen bestehen. Sie sehen also, es bedeutet nahezu das Gegenteil.

Ähnlich verhält es sich mit der Formulierung »in der Regel«. Umgangssprachlich bedeutet das, dass eine überwiegende Zahl der Fälle und der gewöhnliche Vorgang gemeint sind. Es wird ein Zustand beschrieben, der, wenn er normal abläuft, »in der Regel« so gestaltet sein wird. In der juristischen Sprache bedeutet »in der Regel« jedoch etwas anderes. Diese Formulierung drückt aus, dass es zwar eine

Vorsicht vor Verhandlungsfallen

Regel gibt, diese aber Ausnahmen zulässt. Der Fokus der Bedeutung liegt hier bei den Ausnahmen. Somit ist wieder eine nahezu gegensätzliche Bedeutung in der Umgangssprache und der juristischen Sprache für den gleichen Begriff vorhanden.

Sie sollten also nicht in Versuchung geraten, sich durch die Verwendung von besonders gut klingenden Fachtermini zum Experten aufschwingen zu wollen. Das oberste Gebot einer Verhandlung ist die Klarheit. Drücken Sie Ihre Wünsche und Ansprüche klar aus. Nur dann ist sichergestellt, dass Ihr Gegenüber die Botschaft richtig empfängt. Das gilt nicht nur für mündliche Verhandlungen, sondern auch für schriftliche Bestätigungen oder Niederschriften. Ebenso sollten Sie unpräzise oder mehrdeutige Formulierungen oder gar »geschwollene« Sprache vermeiden.

Wenn es in Ihrer Verhandlungsrunde um das schriftliche Festhalten von Ergebnissen geht und kein Jurist oder Spezialist für Vertragsangelegenheiten dabei ist, sollten Sie an dieser Stelle einen solchen Experten zurate ziehen. Nur dann ist gewährleistet, dass auch der Regelungsgehalt und die entsprechenden Formulierungen richtig zu Papier kommen und Ihrer gewollten Bedeutung entsprechen.

6. Falle: Rhetorische Blasen und Pausenattacken

Sie werden bei Auseinandersetzungen leider oft die Begegnung mit sogenannten »Luftrhetorikern« machen. Dieser Begriff stammt nicht aus der Wissenschaft, sondern ich verwende ihn hier zur Bezeichnung eines ganz bestimmten Gegners. Ich meine damit die Menschen, die nach Besuch von etlichen Rhetorikseminaren und der Lektüre vieler Ratgeber zum Thema »Kommunikationstricks« und zur »verbalen Durchsetzung« vergessen, dass auch sachlicher Inhalt in die gut gewählten Worte gehört. Ein »Luftrhetoriker« wird mit seinen rhetorischen Tricks und Finten versuchen, Sie aus dem Gleichgewicht zu bringen. Die goldene Regel ist hier, dass Sie nicht auf diese Spielchen eingehen sollten. Vielmehr sollten Sie sachlich und klar alles zurechtrücken, was nicht der Wahrheit entspricht. Beschuldigungen sollten Sie zurückweisen und gleichzeitig nach den Eckdaten der angeblichen Verfehlung (Ort, Zeit) fragen. Fragen Sie weiter nach den angeblichen Zeugen oder anderweitigen Beweisen. Und nun kommt der wichtigste Punkt bei solchen Aktionen. Reagieren Sie nie mit einer Rechtfertigung, wenn Ihr Gegenüber keine Beweise vorgebracht hat und diese Beweise von Ihnen gesichtet worden sind. Oft versteckt sich hinter dreisten Anschuldigungen und rhetorischen Verdrehungen ein dramatischer Bluff, der nur darauf abzielt, Sie persönlich herabzuwürdigen und Ihr Ansehen zu schmälern. Gefährlich ist das deshalb, weil dem Ansehen der Respekt folgt. Was das dann bedeutet, lässt sich leicht anhand der Stärkeformel ersehen, die im nächsten Teil des Buches vorgestellt wird. Reagieren Sie deshalb keinesfalls auf eine derartige Vorgehensweise mit Rechtfertigungen oder Abschwächungen. Denn ist einmal etwas – wenn auch mittelbar – zugestanden,

kommen Sie von dieser Position nicht mehr weg. Anwälte reagieren auf Vorhaltungen meistens mit dem Wort »angeblich«. Dieses Wort wird dann vor das angesprochene Thema gesetzt und nimmt dem Vorwurf seine Schärfe. »Angebliche Verfehlung« klingt ja besser und akzeptabler als Verfehlung allein. Benutzen Sie diesen Schachzug erfahrener Anwälte.

Aber auch das Gegenteil von Sprache ist gefährlich. Vermutlich werden Sie sich jetzt fragen, was das Gegenteil von Sprache sein soll. Es ist das Schweigen. Schweigen ist eine der gefährlichsten Waffen in einer Konfrontation und ein effektives Druckmittel. Sie können das ganz einfach ausprobieren. Stellen Sie jemanden in einem Gespräch eine wichtige Frage. Bei lapidaren Fragen besteht die Gefahr, dass Ihr Gegenüber das Schweigen als Reaktion auf die Bedeutungslosigkeit der Frage selbst bezieht. In diesem Übungsspiel haben Sie eine wichtige Frage gestellt und Sie haben eine Antwort erhalten. Anstatt eine Reaktion zu zeigen, schweigen Sie. Der Blick bleibt jedoch auf Ihr Gegenüber gerichtet. Wahrscheinlich wird Ihr Gegenüber dieses Schweigen nicht aushalten und stattdessen weiterreden. Da Ihr Verhandlungspartner nicht mit Schweigen gerechnet hat, hat er sich höchstwahrscheinlich auch keine zusätzlichen Fakten über die Aspekte in seiner Antwort zurechtgelegt. Wenn er also gelogen oder geblufft hat, wird er es nun schwerer haben, seine Unwahrheiten zu verstecken. Im Falle einer Lüge werden ihm die Details ausgehen, oder Sie werden nur Wiederholungen oder

Widersprüchlichkeiten hören. Das muss dann Ihr Signal zum Gegenangriff sein. Fragen Sie nach! Gehen Sie den Fakten auf den Grund. Halten Sie Ihrem Kontrahenten eventuell bereits Gesagtes vor, was im Widerspruch zu dem nun Erzählten steht.

Es kann aber auch passieren, dass Sie in diese »Pausenattacke« geraten. Dann sollten Sie die Stärke haben, das Schweigen auszuhalten. Vertrauen Sie auf Ihre persönliche Stärke und versuchen Sie, das Schweigen länger auszuhalten als Ihr Gegner. Ihre innere Stärke wird Ihnen die Kraft dazu geben. Vertrauen Sie auf sich. Und wenn Sie es gar nicht mehr aushalten, gehen Sie in die Offensive. Machen Sie etwas Anderes, öffnen Sie z. B. ein Fenster. Schenken Sie sich Kaffee nach, fragen Sie dabei Ihren Gegner, ob er auch etwas möchte. Hilft auch das nichts und das Schweigen dauert länger als zwei Minuten, fragen Sie Ihren Gegner, wie sie denn nun weitermachen wollen. Schließlich sei so ein Gespräch allein eher schwer. Versuchen Sie dabei, das ganze humorvoll zu sagen, das erhöht die Wirkung und damit auch die Enttarnung eines versuchten und somit gescheiterten Tricks.

An diesem Beispiel kann man sehr schön sehen, wie entscheidend die eigene Stärke ist. Schweigen ist ja kein Argument, sondern nur ein Angriff. Und diesen Angriff wehren Sie am besten und effektivsten mit Ihrer eigenen Stärke ab.

Vorsicht vor Verhandlungsfallen

7. Falle: Mit der Tür ins Haus fallen

Ein häufiger Fehler, den viele begehen, ist, sofort die Argumente überfallartig auf den Verhandlungstisch zu bringen. Viele Verhandlungspartner setzen sich an den Tisch, stellen sich kaum vor und beginnen bereits mit der Formulierung ihrer Ansprüche und der Kurzbegründung ihrer Rechte. Eine derartige Eröffnung ist in der Regel unglücklich, weil die Gegenseite noch nicht auf derartige »Überfälle« eingestellt ist und die Argumente also ins Leere gehen bzw. zu einer Abwehrhaltung führen. Nehmen Sie sich also auch bei noch so wichtigen Verhandlungen etwas Zeit und leiten Sie das Gespräch ein. Das kann z. B. mit einer Höflichkeitsfrage nach der Anreise oder einer kurzen Bemerkung über das Wetter geschehen. So lockern Sie nicht nur die Atmosphäre auf, Sie öffnen damit auch die Ohren der Gesprächspartner, was ein entscheidender Vorteil in Verhandlungen sein kann.

8. Falle: Auswendig Gelerntes abspulen

In der tagtäglichen Praxis erlebt man oft, dass sich die Verhandlungspartner gründlich auf die Verhandlung vorbereiten. Das äußert sich dann darin, dass sämtliche Argumente und auch Formulierungen geradezu auswendig aufgesagt werden. Irgendwelche Abschweifungen oder sonstige Änderungen im Konzept bringen den Verhandlungspartner vollständig aus der Fassung. Vermeiden Sie daher, sich Argumente nur auswendig anzueignen, sondern versuchen Sie, die Argumente in eigenen Worten so plastisch wie möglich darzustellen. Das gibt Ihrem Vortrag eine zusätzliche Authentizität und damit Nachdruck. Auswendiggelernte Argumente und Schachtelsätze, die vielleicht auch noch monoton aufgesagt werden, wirken wie abgelesen und damit wie fremdbestimmt. Kein Verhandlungspartner wird sich auswendiggelernten oder fremdbestimmten Argumenten beugen, vielmehr wird er sie nicht respektieren und bekämpfen.

Zur Veranschaulichung ein Beispiel: Sie haben von einem Finanzdienstleister Besuch bekommen, der natürlich nur Ihr Bestes möchte. Dieser Finanzdienstleister versucht, Ihnen so viele Versicherungen wie möglich vorzustellen und zum »günstigsten Preis« zu verkaufen. Derartige Vermittler werden oft auf Rhetorikverkaufsseminare geschickt, wo Ihnen Standardformulierungen nahezu klauselartig vorgebetet werden. Sie kennen vielleicht die Situation, wenn jemand völlig unmotiviert Ihren Namen gebraucht oder Formulierungen wie »das ist nur zu Ihrem Besten« oder »Sie möchten doch...« verwendet. Solche Floskeln sind oft auch an ihrer monotonen Vortragsweise als auswendig gelernt und formelhaft zu erkennen. Das lässt dann meist die gesamten Argumente, die so einer Einleitung folgen, vollkommen unglaubwürdig erscheinen. Versuchen Sie also, authentisch zu wirken und keine leeren Worthülsen einzusetzen.

9. Falle: Unkonzentriert zuhören

Es kommt sehr oft vor, dass Missverständnisse dadurch entstehen, dass die Verhandlungspartner einander nicht richtig zuhören. Diese fehlende Aufmerksamkeit kann unterschiedliche Gründe haben. Eine der häufigsten Ursachen ist eine leicht erklärbare Situation. Da werden die (zu langen) Ausführungen der Gegenseite bereits nach wenigen Sätzen ignoriert und stattdessen beginnt der Verhandlungspartner, sich die eigenen Argumente zu überlegen. Möglicherweise hat der Redende aber die Pointe oder wichtige Details seiner Argumente auf den letzten Satz gelegt. Und diese wichtigen Ausführungen gehen dann unter. Die Lösung des Problems wird dadurch schwieriger. Während nun der andere Verhandlungspartner die ersten Argumente pariert und gar zum Gegenangriff übergeht, bleibt das eigentliche Argument ungehört und somit unverstanden.

Seien Sie sich dieser Gefahr bewusst und versuchen Sie, auch längeren Ausführungen Ihres Verhandlungspartners zu folgen. Fragen Sie nach, wenn Ihnen die Ausführungen zu langatmig und zu verschachtelt sind, etwa mit den Worten: »Habe ich also richtig verstanden, dass Sie das so und so meinen.« Damit setzen Sie das Signal, die Lage und die Ausführungen zu überblicken. Sind Sie selbst in der Situation des Sprechenden wählen Sie kurze, prägnante Sätze und sichern Sie sich die Aufmerksamkeit Ihres Gegenübers durch Blickkontakt.

Unnötige Missverständnisse führen nicht zur Lösung oder gar zur Durchsetzung Ihrer Rechte. Ihr Verhandlungspartner wird versuchen den Druck auf Sie zu erhöhen und wird nicht nachgeben oder Zugeständnisse machen. Die Durchsetzung Ihrer Rechte wird deshalb erschwert werden.

10. Falle: Sofort antworten

Die Gefahr von Fehlern bei Antworten, die vorschnell gegeben werden, ist sehr groß. Gute Lehrmeister sind hier Anwälte, und wenn Anwälte zudem noch Politiker sind, dann sind das wahre Experten auf diesem Gebiet. Ich kenne keine Berufsgruppe, die es versteht auf konkrete Fragen bei der Antwort so lange um den sprichwörtlichen heißen Brei herumzureden, bis ihnen eine vernünftige Antwort eingefallen ist. Schauen Sie sich einfach politische Talkshows an und beobachten Sie die Teilnehmer. Sie können dabei feststellen, dass selten eine Antwort mit einem klaren Bekenntnis oder mit Ja/Nein beginnt. Stattdessen stehen am Anfang der Antwort meistens längere Ausführungen ohne eindeutige Festlegungen. So hat der Antwortende Zeit zum Nachdenken, ohne dass eine offensichtliche Pause entsteht, denn eine solche Pause wirkt nicht sehr kompetent und kann wertvolle Wählerstimmen kosten.

Wenn Sie aber nicht der Mensch dazu sind, mit vielen Worten wenig Inhalt zu generieren, um die Zeit für die entscheidende Aussage zu gewinnen, müssen Sie sich eben

Vorsicht vor Verhandlungsfallen

auf die Situation einlassen. Aber was sollte man dann tun? Man ist in konfrontativen Kommunikationen ständig versucht, die Argumente der Gegenseite sofort zu entkräften. So entwickelt sich ein Schlagabtausch, der sich oft verselbstständigt und sinnlos steigert. Die eigentliche Ausgangssituation bleibt außen vor, und es kommt nur noch auf das Behalten der Oberhand an. Lassen Sie uns einen genaueren Blick auf derartige Dialoge werfen und eine Gegenstrategie entwickeln.

Denken Sie an eine hitzige Gesprächssituation. Sie sind stark in die Abwehr der »feindlichen« Argumente und den Angriff auf die Gegenposition vertieft. Schon anhand meiner Ausdrucksweise sehen Sie, wie kriegerisch die Situation ist und welche emotionalen Urkräfte dabei geweckt werden. Da wir Menschen zwar in der Gegenwart leben, emotional und verhaltensbiologisch aber eher der Steinzeit zuzuordnen sind, können Sie sich leicht vorstellen, dass wir in solchen Situationen unsere Verteidigungszentren ansprechen. Wir sind also in Alarmbereitschaft und auch kampf- bzw. verteidigungsbereit. Bevor wir nun mit dem Beispiel weitermachen, möchte ich Sie bitten, sich in diese Situation einzufühlen, dann gewinnt der nachfolgende Dialog wesentlich an Anschauungskraft. Kommen wir nun zum Beispiel:

Sie argumentieren schlüssig und stichhaltig. Schließlich sind Sie auch eindeutig im Recht. Anstatt einer vernünftigen Antwort erwidert Ihr Gegenüber aber lediglich: »Das stimmt doch gar nicht«, und weist Ihre Einschätzungen und Wahrnehmungen zurück. Ihnen wird also vorgeworfen, dass Sie nicht die Wahrheit sagen. Statt sinnvolle Gegenargumente vorzubringen, stellt Ihr Gegenüber Sie auch noch als Lügner hin. Die meisten Menschen erhöhen in diesen Situationen den Druck auf ihr Gegenüber, denn schließlich muss man klarstellen, dass man kein Lügner ist. An dieser Stelle kochen dann die Emotionen hoch und die eigentliche Angelegenheit gerät vollständig in den Hintergrund. Eine vernünftige Lösung ist dann nicht mehr denkbar.

Geraten Sie also in eine solche Situation, stellen Sie sich einfach die Frage, ob ein Gespräch nicht unterbrochen und zu einem anderen Zeitpunkt fortgesetzt werden soll oder ob die Durchsetzung Ihrer Forderungen nicht auf einem anderen Weg erfolgen sollte. Vermeiden Sie emotional dominierte Schnellschussszenarien und bleiben Sie Ihren Zielen treu. Sollte sich eine solche Situation entwickeln, dann ist es keine Schande, wenn man sich Bedenkzeit erbittet und eine Pause zum »Abkühlen« der Emotionen einlegt. So haben beide Seiten Gelegenheit, sich auf ihre Ziele und Argumente rückzubesinnen.

Verschiedene Gesprächstypen

Nachdem Sie sich über Ihre Ziele im Klaren sind und die häufigsten Fallen bei Verhandlungsgesprächen kennen, erfahren Sie nun mehr darüber, wie Sie Ihre Interessen in unterschiedlichen Gesprächssituationen vertreten. Dazu brauchen Sie Informationen über die unterschiedlichen Gesprächstypen.

Die richtige Taktik im Gespräch ist oft entscheidend für den Erfolg. Gespräche unterscheiden sich aber grundsätzlich durch ihre Art bzw. die Interessenlage der Beteiligten. Diese Unterschiede gilt es zu berücksichtigen, denn die beste Taktik nutzt nichts, wenn sie auf den falschen Gesprächstypus angewandt wird. Um die richtige Taktik anzuwenden ist es nötig, die unterschiedlichen Gesprächstypen, ihre Eigenarten und die Rollenverteilung der Gesprächsteilnehmer zu untersuchen.

Die grundsätzlichen Unterschiede

Der Kernpunkt menschlicher Kommunikation ist das Gespräch. Gespräche können unterschiedliche Ziele haben. Sie sind notwendig, um sich zu verständigen, eine Situation zu bereinigen oder auch um eigene Interessen zu wahren. Wir sollten nun ein besonderes Augenmerk auf das

Gespräch oder besser gesagt auf die Person richten, mit der wir das Gespräch führen.

Dieser Blick auf Ihren Gesprächspartner ist entscheidend für die Frage, wie die Verhandlung weitergeht. Denn in einer Verhandlung, bei der es um die Wahrung Ihrer Interessen geht, sind Sie auf die Wahrheit aus dem Mund des Anderen angewiesen. Werden Sie angelogen oder werden Interessen verschleiert, so kann es sein, dass Sie falsch reagieren und sich oder Dritten damit Nachteile zufügen.

Ein gutes Beispiel ist eine Gerichtsverhandlung. Dort nehmen wir einen Zeugen an, der aus – vielleicht sogar verständlichem – Eigeninteresse nicht die ganze Wahrheit sagt, und Sie deshalb zu Unrecht verurteilt werden. Das Erschreckende an diesem Beispiel ist, dass Falschaussagen vor Gericht häufig vorkommen. Aber man braucht nicht einmal bis zum Gericht zu gehen, schließlich kommt es auch im Alltag vor, dass Sie sich in einer Situation befinden, in der Ihre eigenen Interessen durch Lügen oder durch manipulative Gesprächsführung beeinträchtigt werden. Sie stehen dann vor einer Situation, in der es entscheidend ist, dass die Wahrheit ans Licht kommt. Ihre Vorgehensweise sollte sich deshalb am Gesprächstypus orientieren. Sonst droht die Gefahr, dass Ihre Taktik danebengeht und nicht greift.

Die Unterscheidung der Gesprächstypen ist also der nächste Schritt. Dabei wird zwischen didaktischen Gesprächen, adversativen Gesprächen und defensiven Gesprächen unterschieden. Diese drei Gesprächsarten sollten wir zunächst auseinanderhalten, damit wir als Grundlage für die

Verschiedene Gesprächstypen

weitere Taktik eine entsprechende Beurteilung des Gegenübers vornehmen können. Unter »Gespräch« versteht man in der Regel ein freundliches und angenehmes Sich-Austauschen von zwei Gesprächspartnern. In diesem Buch geht es aber um eine ganz besondere Art von Gesprächen, bei denen ein Konflikt bzw. eine Konfrontation im Mittelpunkt steht, und die man auch als »Verhandlung« bezeichnen könnte.

Das didaktische Gespräch

Beim didaktischen Gespräch ist einer der Gesprächspartner mit höherem Wissen ausgestattet als der andere. Dabei ist nicht Allgemeinwissen oder Bildung gemeint, sondern das Wissen, das den Diskussionsgegenstand oder angrenzende Themen betrifft. Oft setzt bei einem solchen Gespräch das Gegenüber sein überlegenes Wissen als Trumpf ein, um seine Vorteile zu sichern und sich die beste Position zu verschaffen. Beispielsweise ein Verkäufer in einem Baumarkt, der einen weniger technisch versierten Kunden bei einer Reklamation vor sich hat. Diese Situation soll hier als Beispiel dienen.

Vorab möchte ich noch anfügen, dass die Fachabkürzungen der Schrauben von mir erfunden wurden, um etwaige Ähnlichkeiten mit tatsächlichen Bezeichnungen zu vermeiden und damit verbundene juristische Schritte gegen das Buch und auch mich zu verhindern. Auch das lehrt die Streitkultur.

Stellen Sie sich also vor, ein Kunde mit durchschnittlichen technischen Fähigkeiten hat in einem Baumarkt Werkzeug, Schrauben und andere Do-it-yourself-Materialien gekauft. Als er sie zu Hause verwenden möchte, funktionieren sie nicht bzw. sind für seine Bedürfnisse nicht passend. Er geht deshalb in den Baumarkt zurück, um mit einem Verkäufer oder einem Reklamationsbeauftragten über dieses Problem zu sprechen. Sein Ziel ist dabei natürlich, sein Geld zurückzuerhalten bzw. die gekauften Gegenstände umzutauschen. Als Minimalziel wäre er auch einverstanden, wenn er im Baumarkt eine Lösung für sein Problem angeboten bekäme, die für ihn mit den gekauften Waren umsetzbar wäre.

Mit dieser Ausgangssituation im Kopf geht der Kunde nun in den Baumarkt. Dort trifft er auf einen Verkäufer, der sich der Reklamation annimmt. Der Verkäufer merkt schnell, dass der Kunde technisch nicht sehr versiert ist und beginnt, in Abkürzungen und Fachbegriffen zu sprechen. Der Verkäufer erwähnt also eine SX 18-Schraube, die für eine DX 17-Dübelwand gemacht wurde. In solchen SX-Fällen ist natürlich zu beachten, dass die AX- und ZF-Komponenten immer gemäß den Bestimmungen an die oben aufzuhängenden Y 17 233-Schrauben angepasst werden sollten. Dies vorausgeschickt, wird er den Kunden dann fragen, ob er das gemacht und all die Einflussfaktoren berücksichtigt habe.

Als Kunde stehen Sie in dieser Situation vor dem Problem, dass Sie weder die Abkürzungen noch die dahinterstehen-

Verschiedene Gesprächstypen

den Arbeitsweisen kennen. Sie können also nicht beurteilen, ob das Gesagte richtig ist oder falsch. Es stellt sich die Frage, wie Sie Ihre Interessen nun vertreten, da Sie wissensmäßig in diesem Bereich unterlegen sind.

Eine derartige Situation nennt man didaktisches Verhandlungsgespräch. Ihr Gegenüber versucht mit (vermeintlich) höherrangigem und weitergehendem Wissen seine Interessen über die Ihren zu stellen. Sie müssen sich in einer solchen Situation eine entsprechende Gesprächstaktik zurechtlegen. Dazu kommen wir später im Kapitel »Verknüpfung von Fragetechnik und Gesprächstypus«.

Das adversative Gespräch

In einem adversativen Verhandlungsgespräch werden im Gegensatz zu einem didaktischen Gespräch entgegenstehende Meinungen ausgetauscht, sodass ein argumentativer Schlagabtausch stattfindet. Hier prallen Interessen aufeinander und blockieren sich gegenseitig. Es entsteht eine Art Pattsituation, in der beide Verhandlungspartner auf die Richtigkeit ihrer eigenen Argumente pochen und auch nicht bereit scheinen, von ihrer Position abzurücken.

Lassen Sie mich wieder auf das Beispiel aus dem Baumarkt zurückgreifen. Unser Kunde hat diesmal Elektrowerkzeug für seinen Hausbau gekauft. Allerdings stellt er zu Hause fest, dass die Geräte defekt sind. Er geht zurück in den Baumarkt, um die Sachen umzutauschen. Der Verkäufer schaut sich die Angelegenheit an und behauptet, ohne

Kassenbon und mit geöffneter Packung könne er für ihn derzeit nichts tun. Aber aus Kulanz würde er die Sache an den Hersteller einschicken. Der Kunde, so der Verkäufer, würde dann innerhalb eines Zeitraums von drei bis vier Wochen über das Ergebnis unterrichtet werden.
Unser Kunde hat allerdings vorher in Büchern oder im Internet recherchiert, wie seine Rechte sind. Dabei hat er festgestellt, dass er einen Vertrag mit dem Baumarkt hat und deshalb seine Ansprüche dorthin richten kann und muss. Mit dem Hersteller hat er keinerlei Verträge, weshalb er sich auf diesen nicht verweisen lassen muss. Allein der Baumarkt ist nun nach der Rechtslage dafür zuständig seine Probleme zu beheben. Da die Teile defekt sind, müsste der Baumarkt sie durch funktionierende austauschen oder ihm das Geld zurückerstatten. Doch hier trifft der Kunde nun auf den Verkäufer, der mit den Vorgaben der Geschäftsleitung die dortigen Geschäftsgebaren verkörpert. In diesen Geschäftsgebaren ist nicht vorgesehen, sofort umzutauschen, sondern an den Hersteller zu verweisen. Üblicherweise hat dies Kostengründe. Unser Kunde hat aber eindeutig den Anspruch gegen den Baumarkt. Es stehen sich also die Argumente gleichwertig gegenüber, wobei der Verkäufer des Baumarkts seine Rechtfertigung aus der Anleitung der Geschäftsleitung zieht, während der Kunde sich auf das tatsächliche Gesetz beruft. Eine Lösung ist nicht in Sicht, da die Argumente aufeinanderprallen, wobei ein Richter, der eine eindeutige Entscheidung fällen kann, nicht in Sicht ist.

Verschiedene Gesprächstypen

Wie man diese Pattsituation in einer adversativen Verhandlung löst, erfahren Sie ebenfalls im Kapitel »Verknüpfung von Fragetechnik und Gesprächstypus«.

Das Defensivgespräch

Bei der dritten Verhandlungssituation geht es um das Defensivgespräch. In dieser Art von Gespräch erhebt ein Gesprächspartner gegen den anderen vorgeschobene oder tatsächliche Vorwürfe. Hier ist es besonders wichtig, Wahrheit und Lüge auseinanderhalten zu können, um richtig zu reagieren.

An dieser Stelle wieder ein Beispiel. Manche von Ihnen hatten vielleicht schon einmal den Verdacht, dass Ihr Partner Sie betrügt. Mit dieser Gewissheit/Vorstellung sind Sie dann an den Partner herangetreten, um die Wahrheit zu erfahren. Dieser verteidigte sich daraufhin und versuchte, mit Argumenten (oder Lügen), seine Unschuld zu beweisen. Die Positionen sind aufeinandergeprallt, der oder die Beschuldigte befand sich in der Defensivposition und das Gespräch verlief ergebnislos, denn weder erfolgte ein Geständnis noch konnten die Vorwürfe überzeugend widerlegt werden.

Dieses damit gescheiterte Defensivgespräch bringt also nichts ein, wenn es falsch angepackt wird. Bei einem Defensivgespräch geht eine Vorwurfssituation mit einer Verteidigungshaltung einher. Entsprechend dieser besonderen Konstellation sollte dann auch die Verhandlungstaktik, die dann eigentlich eher eine Vernehmungstaktik ist, aufgebaut sein.

Näheres dazu erfahren Sie im Kapitel »Verknüpfung von Fragetechnik und Gesprächstypus«.

Kämpfen, fliehen oder provozieren

Um welche Art Gespräch es sich auch handelt, es bildet den Kernpunkt für die Wahrnehmung und Durchsetzung Ihrer Interessen. Während die Streitkultur das Spielfeld bildet, kann der Gesprächstypus als das Spielgeschehen zur Wahrung der Interessen bezeichnet werden. Es ist von großer Wichtigkeit und bedarf der sorgfältigen Vorbereitung und Umsetzung.

Werfen wir nun einen Blick auf das Verhandlungsgespräch selbst, um dessen grundlegende Mechanismen zu verstehen und sie bestmöglich für unsere eigenen Zwecke einsetzen zu können. Mit diesem Wissen sind die unterschiedlichen Gesprächsarten auch besser umsetzbar.

Da es hier nun um die richtige Strategie geht, kann ein altbewährter fernöstlicher Ratgeber zu Wort kommen. Konfuzius sagt: »Wenn du einen schwächeren Feind hast, kämpfe. Wenn du einen stärkeren Feind hast, fliehe. Und wenn du einen gleich starken Feind hast, provoziere.« Inwieweit dieses Zitat tatsächlich auf Konfuzius zurückgeht, kann ob seines immensen Wahrheitsgehalts zurückstehen. Diese einfache Aufteilung gibt eine gute Grundlage zur Ermittlung einer passenden Taktik. Sie haben also nur die

Verschiedene Gesprächstypen

Stärke Ihres Gegners zu ermitteln. Hier können Sie wiederum auf die Erkenntnisse zur Interessenlage zurückgreifen, die Sie sich in Ihrer Vorbereitungsphase angeeignet haben. Dort sehen Sie, auf was es Ihrem Gegner eigentlich ankommt. Sie müssen dann nur noch die Argumente und die persönliche Stärke Ihres Gegners mit Ihren Argumenten und Ihrer persönlichen Stärke vergleichen. Das Ergebnis zeigt Ihnen das Kräfteverhältnis und auch die richtige Taktik. Sind Sie der Stärkere, lassen Sie es einfach darauf ankommen. Sind Sie der Schwächere, sollten Sie ein Kräftemessen vermeiden und stattdessen versuchen, sich durch Einsatz Ihrer persönlichen Stärke und Ihres Geschicks noch eine möglichst gute Position zu sichern. Einer echten Auseinandersetzung sollten Sie aber aus dem Weg gehen.

Auf Extreme verzichten

Wenn Sie aber zu dem Ergebnis kommen, dass Sie es mit einem gleich starken Gegner zu tun haben, dann dürfen Sie auch provozieren. Allerdings sollten sich die Provokationen im Rahmen halten. Auch wenn es sehr reizvoll erscheint, durch billige Tricks und starkes Provozieren Erfolge zu erzielen, ist das gefährlich für Ihre Interessen. Es gibt eine Fülle von Ratgeberliteratur, die sowohl ultimative Tricks versprechen, als auch das Ende der Höflichkeit propagieren. In diesen Ratgebern stehen dann üble Tricks, und es wird deren skrupellose Anwendung zur rücksichtslosen Durchsetzung der eigenen Interessen empfohlen. Ich erachte das aber als sehr gefährlich. Bitte bedenken Sie, dass das Leben nach der Konfrontation weitergeht und die Beteiligten in der Regel nicht in unterschiedlichen Welten leben. Hinzu kommt das menschliche Bedürfnis, über Ungerechtigkeiten und unsaubere Methoden zu reden. Die Folge eines zu harten und unsauberen »Einsteigens« kann sein, dass Sie schnell als skrupelloser Unmensch erscheinen. Nicht zuletzt das Internet ist für die Verbreitung solcher Informationen bestens geeignet. Mit diesem Image werden Sie es bei der nächsten Auseinandersetzung sehr viel schwerer haben. Oftmals empfinden die Verlierer die Anwendung unsauberer Tricks, auch wenn man sie in zahlreichen Veröffentlichungen nachlesen und auch einüben kann, als Betrug.

Ein schönes Beispiel dafür ist im Fußball zu finden. Dort gibt es das Phänomen der Schwalbe, ein vorgetäuschtes Foul. Eine erfolgreiche Schwalbe führt dazu, dass der Schiedsrichter entgegen der Wirklichkeit von einem tatsächlichen Regelverstoß ausgeht und eine Strafe zugunsten des Vortäuschenden verhängt. Oft tauchen Schwalben an solchen Stellen auf, die den größtmöglichen Vorteil des Täuschenden bringen – was den größtmöglichen Nachteil des Getäuschten bedeutet. Sie können sich vorstellen (oder in diversen Sportsendungen ansehen), wie der übervorteilte Verein, wenn er dann Verlierer des Spiels ist, den Sieg des Kontrahenten darstellt. Und er kann mit Solidarität rechnen, was die Wahrnehmung zuungunsten des Siegers beeinträchtigt: Man hofft beim nächsten Spiel auf ausglei-

Verschiedene Gesprächstypen

chende Gerechtigkeit und findet die Methoden des Siegers verachtenswert. Und genauso ergeht es Ihnen, wenn Sie mit schmutzigen Tricks gewinnen. Sie werden wahrscheinlich nicht lange Freude daran haben.

Ich möchte Ihnen deshalb den Ratschlag geben, auf überzogene Methoden zu verzichten. Begeben Sie sich nicht auf das Gebiet der schmutzigen Tricks. Provozieren Sie nur mit Ihrer eigenen Stärke. Zeigen Sie einfach, wie stark Sie sind. Ihr Gegner macht sich dann schon selbst ein Bild von den Gefahren. Und wenn Sie aus dem Konflikt aufgrund eigener Stärke als Sieger hervorgehen, dann laufen Sie auch nicht Gefahr, dass man Ihnen Schlechtes nachsagt. Stattdessen wird man Ihnen Respekt entgegenbringen. Denn: Ehrlich währt am längsten.

Auch Anwälte, die mit schmutzigen Tricks arbeiten, haben eher kurzfristigen Erfolg. Zwar können sie noch den einen oder anderen Mandanten gewinnen und damit den eigenen Kontostand erhöhen, bei Gerichten und Kollegen dagegen ist der Ruf ruiniert. Damit stirbt meistens auch jede Bereitschaft für ein Entgegenkommen, denn man weiß ja schließlich nie, wie ehrlich das Ganze gemeint ist. Und nach einiger Zeit merken dann auch die Mandanten, dass die frühere »Erfolgssträhne« des Anwalts offensichtlich gerissen scheint. Das spricht sich schnell herum und die Mandanten meiden dann die Kanzlei.

Die richtige Fragetechnik anwenden

Nachdem Sie jetzt die unterschiedlichen Geprächstypen kennen, erhalten Sie nun Informationen über verschiedene Fragetechniken. Anschließend wird die Anwendung der jeweils richtigen Fragetechnik bei den unterschiedlichen Gesprächstypen aufgezeigt.

Die richtige Fragetechnik kann in konfrontativen Gesprächssituationen der entscheidende Schritt zum Erfolg sein. Fragen zwingen den Gefragten zu einer Antwort oder einer Aktion: Er antwortet oder er sagt, er möchte nicht darauf antworten, oder aber er reagiert mit einer Geste auf die Frage. Es wird im Regelfall etwas passieren. Und es passiert etwas, weil Sie – der Fragende – es veranlasst haben. Sie haben als Fragender das Heft in der Hand und geben die Richtung des Gesprächs vor. Nutzen Sie diesen Vorteil!

Neben der taktischen Komponente haben Fragen aber noch einen weiteren Vorteil. Sie werden durch die Antwort mit Informationen versorgt. Und wenn Sie etwas nicht verstehen, fragen Sie einfach. Haben Sie keine Angst, Ihre Frage könnte Sie unwissend oder unterlegen wirken lassen. Es zeigt, dass Sie interessiert und hellwach sind – Attribute, die in Konfrontationen sehr wichtig sind. Und außerdem ist Fragen ein Zeichen von Macht! Richter,

Die richtige Fragetechnik anwenden

Polizisten und Vorgesetzte sind es, die Fragen stellen und die Aufklärung eines bestimmten Sachverhalts damit erreichen. Sehen Sie die Fragen aus diesem Gesichtspunkt und stellen Sie sich mit Ihren Fragen auf die gleiche Stufe. Es ist ein Zeichen von Stärke zu fragen und damit gleichzeitig zur Informationspreisgabe aufzufordern.

Geschlossene Fragen

Schauen wir uns deshalb kurz einige Fragetechniken an. Es gibt offene Fragen und geschlossene Fragen. Bei geschlossenen Fragen kann man die Frage mit Ja oder Nein beantworten. Der Rest der Antwort ist eigentlich nur schmückendes Beiwerk oder Bestätigung des Ja oder Nein. Solche Fragen eignen sich, wenn es um die bloße Feststellung einer Tatsache geht. Beispielsweise bei der Feststellung einer Anwesenheit. »Waren Sie am Tag xy um soundso viel Uhr im Büro?« Die Antwort ist Ja oder Nein. Ebenso verhält es sich mit Vorhaltefragen, bei denen dem Befragten ein gewisses Ergebnis vorgehalten wird, das er dann verneinen oder bejahen kann.

Aber auch zum Abschluss oder zur Vorbereitung der gegnerischen Kapitulation ist diese Art der Frage geeignet. Wenn Sie also Ihre Interessen so weit und gut vertreten haben, dass dem Kontrahenten nur die Anerkennung Ihrer Position oder die Kapitulation seiner Interessen bleibt, dann sollten Sie diese Fragetechnik einsetzen. Sie können dann den »Sack zumachen«. Seien Sie aber vorsichtig und prüfen Sie genau, ob Sie an diesem Punkt angekommen sind. Stellen Sie diese Frage zu früh, kann das Gespräch an dieser Stelle abrupt enden. Und anstatt einer Lösung oder dem Ende der Konfrontation wird sich Ihr Gegenüber zurückziehen und versuchen, die verbliebenen Kräfte neu aufzubauen und einzusetzen.

Offene Fragen

Offene Fragen dagegen ziehen in der Regel eine komplexere Antwort nach sich, bei der Sie viele Informationen erhalten. Sie zeichnen sich durch Fragewörter wie »wer, was, wo, wie, wann, weshalb, warum, womit« usw. aus. So bleibt dem Antwortenden eine Menge Spielraum bei seiner Antwort. Solche Fragen eignen sich, wenn Sie so viele Informationen wie möglich zu einem bestimmten Thema erhalten möchten. Aber auch als Einstieg sind sie geeignet. Sie können einfach in der Antwort des Gefragten einen Überscheidungspunkt mit Ihren Interessen suchen und haben so einen Ansatzpunkt für das weitere Gespräch.
In der anwaltlichen Diktion, wie ich sie verwende, zähle ich die folgenden Fragetypen ebenfalls zu der Kategorie der offenen Fragen. Und zwar deshalb, weil Sie in der Verwendung und taktischen Einsatzmöglichkeit nah an einer echten offenen Frage stehen:
Bei **Alternativ- oder Wahlfragen** werden dem Antwortenden mehrere Möglichkeiten vorgegeben. Solche Fragen zeichnen sich durch Auswahlfragewörter wie »welche«

Die richtige Fragetechnik anwenden

aus. Dabei werden in die Frage bereits die Antwortmöglichkeiten eingebaut und damit vorgegeben. Diese Frage setzt entweder ein tatsächlich begrenztes Antwortspektrum voraus oder aber das Bestreben des Fragenden, ein vielleicht größeres Spektrum einzugrenzen. Ein Beispiel hierfür ist die Frage: «Welcher Partei gehören Sie denn an?» Da es nur eine begrenzte Anzahl von Parteien gibt, ist die Antwort auch schon eingegrenzt. Hinzu kommt natürlich noch die Alternative, keiner Partei anzugehören. Bleiben wir beim Parteienbeispiel. Sie wissen von Ihrem Gegenüber, dass es eine gewisse politische Meinung vertritt. Diese Meinung findet sich bei zwei unterschiedlichen Parteien. Sie haben so die Möglichkeit, die Antwortmöglichkeiten weiter einzugrenzen, indem Sie fragen: »Welcher Partei gehören Sie denn an, der A-Partei oder der B-Partei?« Der Gefragte hat dann die Antworten mehr oder weniger vorgegeben. Alternativfragen sind gut geeignet, um ein Gespräch auf einen bestimmten Punkt zu führen und so das Gespräch zu lenken.

Ebenso gibt es die sogenannten **Konträrfragen.** Dem Befragten wird dabei das Gegenteil der zu erwartenden Antwort vorgegeben. »Sie sind doch kein Verbrecher, oder?«, wäre eine solche Frage. Jeder Antwortende würde im Normalfall seine Verbrechereigenschaft verneinen. Solche Fragen sind an sich – wie die Alternativ- oder Wahlfragen – geeignet, ein Gespräch zu führen und aktiv aufzutreten. Man sollte diese Frage aber sparsam verwenden, da man aufgrund der oft eingebetteten Provokation (»Verbrecher«) leicht die Gesprächsatmosphäre vergiften kann. Liegt einem aber an einer Provokation, so ist dieser Fragetypus der richtige.

Darüber hinaus gibt es noch **Stichwortfragen**, bei denen dem Befragten ein Stichwort zugeworfen wird mit der Frage: »Was fällt Ihnen hierzu ein?« Solche Fragen setzen aber meistens eine übergeordnete oder neutrale Position des Fragenden voraus. Einem Verhandlungsgegner wird man so eine Frage eher übel nehmen statt sie zu beantworten. Solche Fragen können auch schnell arrogant wirken, weil man sich über den Gesprächspartner erhebt. Mein Rat auch hier: dosiert einsetzen!

Neben den zuvor genannten Fragen gibt es noch eine sogenannte **Erwartungsfrage**, bei der in die Frage die Erwartung des Fragenden eingebunden wird. Beispielsweise: »Sie werden doch sicher die Polizei gerufen haben?« Diese Frage ist eine taktische Frage. Der Fragende setzt eine Handlung voraus, die eigentlich normal ist und deshalb erwartet werden könnte. So werden eventuell abweichende, auffällige Verhaltensweisen deutlich gemacht. Der Befragte, der gegen die eigentlich zu erwartende Verhaltensweise agiert hat, fühlt sich sofort unter Druck, denn er muss etwas erklären, was die Mehrheit der Menschen anders gemacht hätte. Das erzeugt beim Befragten einen Rechtfertigungsnotstand. Die Folge wird sein, dass der Befragte versuchen wird, seine abweichende Verhaltensweise zu erklären. Dazu wird er aber weiter ausholen müssen, was für den Fragenden gute Chancen bereithält. Denn

Die richtige Fragetechnik anwenden

wenn der Befragte gelogen hätte, könnte es nun sein, dass der Versuch der Rechtfertigung die Aufdeckung der Lüge zur Folge hätte. Eine erfundene Geschichte läuft bei vielen Erklärungen Gefahr, durch auftretende Widersprüche enttarnt zu werden. Man nennt so etwas oft auch »sich um Kopf und Kragen reden«. Eine solche Frage eignet sich besonders gut, wenn man den Gesprächspartner fundiert einer Lüge verdächtigt, aber den entscheidenden Widerspruch noch nicht gefunden hat.

Gewiefte Fragesteller verwenden oft die sogenannte **Voraussetzungsfrage**. In dieser Frage wird etwas als gegeben angenommen und aufgegriffen. So wird z. B. eine Frage so gestellt, dass die Beantwortung die Bestätigung des vorausgesetzten Sachverhalts mit sich bringt. Mit anderen Worten wird etwas unterstellt, dessen Wahrheitsgehalt noch gar nicht feststeht. Die Frage enthält also einen Bluff! Lassen Sie mich die Frage mit einem Beispiel darstellen: Nehmen wir an, Sie haben den Verdacht, dass Ihr Partner Sie betrogen haben könnte. Und Sie haben einen Tankbeleg gefunden, der von einer Tankstelle stammt, die direkt neben einem Hotel liegt. Sie wissen aber nicht, ob Ihr Partner auch tatsächlich in dem Hotel war. Also setzen Sie es voraus und bauen es in die Frage ein. Eine Voraussetzungsfrage wäre nun: »Und nach dem Tanken bist du dann also in das Hotel. Welches Zimmer hattest du denn?« Hüten Sie sich vor dieser Frage. Sie ist sehr manipulativ und sogar als Frage in Gerichtsverhandlungen nicht zulässig.

Anders sieht die Sache aber bei **Vorhaltefragen** aus. Eine Vorhaltefrage baut – wie eine Voraussetzungsfrage – auf einem Sachverhalt auf, nur dass dieser Sachverhalt nachweisbar ist. Nehmen wir also unser Beispiel zur Voraussetzungsfrage. Eine Vorhaltefrage lautet genau gleich, nur dass Sie eben sicher wüssten – und auch nachweisen könnten –, dass Ihr Partner in dem Hotel gewesen ist.

Checkliste Fragetypen

Sie möchten eine Feststellung oder Kapitulation erzielen	→ geschlossene Frage
Sie möchten Inhalte aufklären ohne Vorbestimmung	→ offene Frage
Sie möchten das Gespräch in eine Richtung bringen	→ Wahlfrage
Sie möchten mit Erkenntnissen konfrontieren	→ Vorhaltefrage
Sie möchten Ungewöhnliches herausstellen	→ Erwartungsfrage
Sie möchten auf bereits Gesagtem aufbauen	→ Stichwortfrage
Sie möchten provozieren	→ Konträrfrage

Verknüpfung von Fragetechnik und Gesprächstypus

Fragen richtig einsetzen

Wann aber setze ich welche Frage am besten ein? Das ist wohl die entscheidende Frage an dieser Stelle.

Die Stichwortfrage, die Erwartungsfrage, die Voraussetzungs- und die Vorhaltefrage sind in der Regel bedingt bis schlecht geeignet, um einen Sachverhalt aufzuklären, da sie beeinflussend sind. Wiederholende Fragen dagegen sind vollständig ungeeignet, da damit lediglich das Gesagte wiederholt und infrage gestellt wird. Das Gespräch wird dadurch zäh und verliert an Zielstrebigkeit. Offene Fragen haben den größten Informationsfluss zur Folge. Geschlossene Fragen sind dann sinnvoll, wenn es etwas festzustellen gilt. Die verschiedenen Fragetechniken sollten Sie unbedingt einüben, denn auch hier macht die Übung den Meister.

Verknüpfung von Fragetechnik und Gesprächstypus

Sie werden sich sicher an die drei unterschiedlichen Gesprächstypen erinnern. Wir hatten die didaktischen, die adversativen und die Defensivgespräche. Bei jedem dieser drei Gesprächstypen kommt eine unterschiedliche Taktik zur Anwendung und damit unterschiedliche Frage- und Gesprächstechniken.

Das Defensivgespräch

Beginnen wir mit dem Defensivgespräch. Hier wird einer der Gesprächspartner mit einem Vorwurf konfrontiert und versucht, sich zu entlasten. Sind Sie derjenige, der den Vorwurf erhebt, so haben Sie davon auszugehen, dass die Gegenseite versucht, sich im Falle des Zutreffens des Vorwurfs durch die Unwahrheit zu entlasten oder sich dem Vorwurf durch Ausflüchte zu verschließen. Wichtig ist es nun, dieses Verhalten aufzubrechen und dem Verhandlungspartner die Fluchtwege abzuschneiden. Derartige Verhandlungen sind die Königsdisziplin. In Filmen sieht man oft, wie schlaue Kommissare durch geschicktes Fragen dem Täter die Wahrheit in Form eines Geständnisses entlocken. Leider sind diese Fälle selten. Die Überführung durch ein spontanes Eigengeständnis bedarf der sorgfältigen Planung. Wenn Sie also jemanden mit einem Vorwurf konfrontieren, müssen Sie davon ausgehen, dass er versucht, sich zu rechtfertigen. Er wird das Gespräch abblocken. Wenn er schlau ist, wird er seine Antworten kurz halten, um nicht zu viel Angriffsfläche zu bieten. Sie müssen also versuchen, Ihr Gegenüber zum Sprechen zu bringen. Das ist am besten mit offenen Fragen möglich. Der Antwortende muss bei derartigen Fragen etwas ausholen und mehr erzählen. Als Beispiel dient folgender kleiner Fall.

Sie möchten wissen, wo die zu befragende Person zu einem bestimmten Zeitpunkt war. Sie stellen also die offene

Verknüpfung von Fragetechnik und Gesprächstypus

Frage: »Wo waren Sie?« Wenn Sie bei dieser Frage einen Ort einfügen und beispielsweise fragen »Waren Sie am Hauptbahnhof?«, dann machen Sie aus der offenen eine geschlossene Frage. Dann kann der Befragte einfach Ja oder Nein antworten, während er im Falle der ersten Frage ausführen muss, wo er gewesen ist. Die erste Frage bringt ihn zum Sprechen und lässt Sie mehr erfahren. Vermeiden Sie also geschlossene Fragen, da diese zu falschen Ergebnissen führen können. Solche geschlossenen oder Suggestivfragen sind nur dann geeignet, wenn Sie sicher den Sachverhalt kennen, auch beweisen können und nun lediglich noch versuchen, den zu Befragenden an die richtige Stelle zu treiben. Aber wenn Sie den Sachverhalt ja schon sicher kennen, brauchen Sie eigentlich keine Suggestivfragen mehr. Suggestivfragen werden deshalb meistens dann eingesetzt, wenn man dem Befragten etwas »in den Mund« legen möchte. In normalen Angelegenheiten empfiehlt es sich aber, mit offenen Fragen zu agieren.

Auch Vorhaltungen und das Aufzeigen von gewissen Widersprüchen können hilfreich sein. Am besten verwenden Sie dabei ergänzend die Techniken aus dem Kapitel »Lügen sicher enttarnen«.

Das adversative Gespräch

In adversativen Gesprächen, bei denen Meinungen aufeinanderprallen, sollten die Argumente hinterfragt werden. Wenn also Ihr Gegenüber behauptet, diese oder jene Vorgehensweise wäre einzuschlagen, Sie aber damit nicht einverstanden sind, sollten Sie einfach nach dem Hintergrund der angestrebten Vorgehensweise Ihres Gegenübers fragen. Lassen Sie sich erklären, wie er auf diese Vorgehensweise kommt. Hier lässt sich wieder an das Reklamationsbeispiel im Elektromarkt anknüpfen: Sie bringen das defekte Elektrogerät zum Händler, der Verkäufer pocht aber darauf, dass er das Gerät an den Hersteller einschickt. Während der Dauer von zwei bis drei Wochen haben Sie das Elektrogerät nicht zur Verfügung, können aber kostenpflichtig ein Ersatzgerät bekommen. Mehr ist für Sie nach Aussage des Reklamationsbeauftragten nicht drin.

Da Sie sich aber gut vorbereitet haben, wissen Sie, dass der Elektromarkt als Vertragspartner für das Gerät haftet und nicht der Hersteller. Sie haben also Anspruch auf Rückgabe bei gleichzeitiger Geldauszahlung oder auf ein Ersatzgerät im Falle von Lieferbarkeit eines Ersatzgeräts.

Sie sehen also, es stehen zwei Positionen einander gegenüber, wobei Ihre gesetzlich verankert ist. Sie sollten deshalb an dieser Stelle den Verkäufer fragen, wie er denn darauf kommt, dass das Gerät eingeschickt werden soll, wenn Sie doch gar keinen Vertrag mit dem Hersteller haben. Sie weisen ihn darauf hin, dass lediglich der Elektromarkt Ihr Vertragspartner und somit Ansprechpartner ist. Wie nun dieser Ansprechpartner seine vertraglichen Verpflichtungen erfüllt, kann Ihnen relativ egal sein, jedenfalls ist festzuhalten, dass im Falle der Bezahlung und der Nichtüberlassung eines Geräts diese Verpflichtung offen-

Verknüpfung von Fragetechnik und Gesprächstypus

sichtlich nicht eingehalten ist. An dieser Stelle sollten Sie den Verkäufer einfach fragen, wie er denkt, dass er diesen Verpflichtungen nachkommen möchte. Schließlich haben Sie ja Ihr gutes Geld für das gekaufte Gerät an den Verkäufer und nicht an den Hersteller gegeben. Und genau aus diesem Grund haben Sie Anspruch auf das gekaufte Gerät ohne Einschränkungen wie eine Wartezeit durch Einsenden. Der Verkäufer wird wahrscheinlich sagen, dass man das hier im Hause so handhabt. Er führe ja schließlich nur Anweisungen aus. Fragen Sie dann also nach dem Urheber dieser Anweisung.

Oft wird an dieser Stelle auf den Vorgesetzten verwiesen, der diese Anordnung herausgegeben hat. Lassen Sie den Vorgesetzten zu Ihnen kommen und versuchen Sie zu vermeiden, die Besprechung in seinem Büro abzuhalten. Sie wären dann in seinem gewohnten Umfeld, seinem Revier, und nehmen sich den Trumpf der Öffentlichkeit. Schließlich wird auch der Vorgesetzte kein Interesse an einer Unterhaltung in den frei zugänglichen Geschäftsräumen haben, bei der sein Geschäft als kundenfeindlich erscheint. Die Öffentlichkeit der Unterhaltung arbeitet also für Sie. Erscheint der Vorgesetzte nicht, fordern Sie Ihr Geld zurück und lassen Sie sich nicht mit einem Gutschein abspeisen, denn dafür gibt es im Fall einer echten Reklamation keine Grundlage. Sie erhalten dann Ihr Geld zurück.

Erscheint der Vorgesetzte, sollten Sie das gleiche Gespräch wie mit dem Verkäufer führen. Lehnt aber auch der Vorgesetze aus geschäftspolitischen Gründen ab, so können

Sie ruhig laut im Laden sagen, dass Sie unzufrieden sind. Aber Sie sollten nicht schreien oder brüllen, sondern lediglich in normaler Lautstärke in höflicher Sprache darauf hinweisen, dass man offensichtlich den Kundenservice nicht sehr groß schreibt und sich stattdessen auf rechtswidrige Positionen zurückzieht. Nutzen Sie die Öffentlichkeit.

Hilft auch das nichts, sollten Sie Ihre Kontaktdaten hinterlassen, nach den Kontaktdaten Ihrer Gesprächspartner fragen und dann die Einschaltung rechtlichen Beistands oder anderen Beistands ankündigen. Dies kann z. B. auch ein Pressebericht sein, sofern Sie ihn tatsächlich ermöglichen können.

Selbst wenn Sie einen langen Weg gehen müssen, können Sie sich sicher sein, dass beim nächsten Einkauf in diesem Elektromarkt (wenn Sie das überhaupt noch wollen) Ihre Argumente besser gehört werden.

Entscheidend beim adversativen Gespräch ist somit, dem Gegenüber nach der Stichhaltigkeit seiner Argumente zu befragen. Sind Sie aber derjenige, der keine stichhaltigen Argumente hat, so kann ein Rückzug angezeigt sein.

Setzen Sie auch ruhig eine dosierte Konträrfrage ein, um Ihrem Kontrahenten durch eine im Rahmen bleibende Provokation Druck zu machen. Die eingesetzte Provokation sollte aber wirklich im Rahmen bleiben, denn sonst disqualifizieren Sie sich selbst und bieten so Ihrem Gegenüber die Möglichkeit, das Gespräch abzubrechen. Wenn Sie sich also nicht sicher sind, wie eine Provokation sich

Verknüpfung von Fragetechnik und Gesprächstypus

auswirkt, sehen Sie besser davon ab und arbeiten weiter mit offenen Fragen, die dann zwar langsamer, aber beständiger auf Ihr Ziel hinführen.

Das didaktische Gespräch

In didaktischen Gesprächen versucht ein Gesprächspartner den anderen durch überlegenes Wissen zu beeinflussen. Wenn Sie der wissensmäßig Unterlegene sind, sollten Sie immer nach dem Fundort oder der Quelle des Wissens fragen. Denn nur wenn Wissen bekannt gegeben wird, kann es auch vorausgesetzt und verwendet werden.
Lassen Sie mich nochmals auf das im vorigen Kapitel erwähnte Beispiel aus dem Baumarkt zurückkommen. Der Verkäufer erzählt Ihnen also Details der diversen handwerklichen Arbeitsvorgänge. Da Sie nicht so bewandert sind, kannten Sie diese nicht. Fragen Sie ihn einfach, wo er dieses Wissen her hat und wo Sie es nachlesen können. Sie werden feststellen, dass solche Hinweise weder auf den Verpackungen abgedruckt noch in den Baumärkten ausgelegt sind. Wenn Sie dann fragen, mit welcher Berechtigung der Verkäufer voraussetzt, dass man all das weiß, werden Sie sehr schnell einen angenehmen Gesprächspartner finden, der Sie an seinem Wissen teilhaben lassen und Ihnen möglicherweise Ratschläge zur Behebung des Problems geben wird. In didaktischen Gesprächen ist es also entscheidend, dass Sie das Wissen des Gegenübers für sich selbst nutzbar machen, um es umsetzen zu können. Beson-

ders geeignet sind hier offene Fragen, die Sie mit dem Hintergrund einsetzen, dass Ihr Kontrahent sein Wissen preisgeben muss. Fragen Sie ihn einfach: »Könnten Sie das bitte erklären, denn ich kann mir das beim besten Willen nicht vorstellen.« Oder auch einfach nur: »Was hätte ich Ihrer Meinung nach besser machen sollen, um das Problem zu verhindern?« In den Antworten dieser Fragen liegen dann die Ansatzpunkte für Ihre weiteren Argumente.

Finden Sie die Wahrheit hinter den Worten

Mit dem Wissen um die verschiedenen Gesprächstypen und der Kenntnis der jeweiligen Fragetechnik ausgestattet, haben Sie nun eine Methode an der Hand, die Sie bei der Wahrung bzw. bei der Durchsetzung Ihrer Interessen ein großes Stück weiterbringt.

Neben der Zuordnung zum Gesprächstypus geht es in Verhandlungen ganz zentral darum, den Wahrheitsgehalt dessen einzuschätzen, was der Gesprächspartner vorbringt. Mit anderen Worten: Es geht darum, Lügen zu erkennen, sie zu entlarven und die Wahrheit hinter den Worten zu finden.

Die Lüge ist in derartigen Gesprächen bzw. in Verhandlungen das am weitesten verbreitete Problem. Um sich zu verteidigen und die eigene Position zu verbessern, greifen

Finden Sie die Wahrheit hinter den Worten

sehr viele Menschen zur Lüge. Die Bandbreite reicht dabei von der Notlüge bis zur puren Intrige. Es lohnt sich deshalb genau hinzusehen, ob Ihr Gegenüber lügt, da Ihre Verhaltensweise davon abhängt.
Welche Möglichkeiten haben wir aber nun, um die Lüge zu entlarven?

Die Arten der Lüge

Lügen haben kurze Beine. Dieses Sprichwort kennt wohl jeder. Der Volksmund sieht es als nicht schwierig an, eine Lüge aufzudecken. Leider ist das nicht immer so. Einem geschickten Lügner kommt man nicht so leicht auf die Schliche. Es gehört schon ein bisschen Übung und Gespür dazu, aber ohne eine Technik wird es schwierig. Bevor wir uns an das Aufdecken von Lügen machen, müssen wir die Lüge selbst einmal genauer unter die Lupe nehmen. Lassen Sie uns deshalb die Arten der Lüge betrachten.

Die Notlüge

Die erste Art der Lüge ist wohl jedem schon einmal begegnet, es ist die sogenannte Notlüge. Diese Lüge ist in der Gesellschaft weit verbreitet und auch am meisten akzeptiert. So wird es keiner als verwerflich empfinden, wenn eine Krankenschwester am Bett des todkranken Patienten die Frage nach dem nahen Tod wahrheitswidrig beantwortet, um ihm die Hoffnung nicht zu nehmen. Im Gegenteil würden nahezu fast alle Mitmenschen in dieser Situation dazu neigen, dem todkranken Patienten ein noch langes Leben zu prognostizieren, obwohl sie wissen, dass der Tod nahe ist. Ebenso häufig sind solche Lügen anzutreffen, wenn z. B. Entlassungen in einem Betrieb anstehen. So wird Ihnen der Vorgesetzte, der soeben erfahren hat, dass 20 Prozent seines Personals abgebaut werden, nicht direkt sagen, dass Sie betroffen sind. Er wird versuchen, mit einer möglichst neutralen Wortwahl politisch korrekt über mögliche Beeinträchtigungen zu berichten. Dass er Sie dabei konkret im Visier hat, wird er Ihnen höchstwahrscheinlich nicht sagen. Ausnahmen sind natürlich immer möglich, insbesondere dann, wenn Vorgesetzte und Mitarbeiter ein freundschaftliches Verhältnis verbindet und beide danach an einer Lösung zur Vermeidung der Konsequenz »Entlassung« arbeiten. In der Regel wird allerdings die Wahrheit nicht ausgesprochen.

Die Aufwertungslüge

Aber es gibt nicht nur die Notlüge, es gibt auch die weit verbreitete Aufwertungslüge. Diese Aufwertungslüge findet in der Regel dann Anwendung, wenn jemand Eindruck machen möchte. So finden sich solche Lügen nicht nur in Bewerbungsgesprächen oder beim Gespräch eines »balzenden« Liebhabers, sondern in nahezu allen Bereichen. Der Mediendruck in unserer Gesellschaft hat dazu geführt, dass Schwächen oder Fehler nahezu nicht mehr vorkom-

Finden Sie die Wahrheit hinter den Worten

men dürfen. In unserer Gesellschaft herrscht das Ideal des fehlerfreien, belastbaren und leistungsfähigen Menschen. Niemand wird gern zugeben, dass er Schwächen hat oder dass er den Anforderungen der modernen Gesellschaft, seien sie noch so überhöht, nicht gerecht wird. Er wird an dieser Stelle vielmehr zu einer Lüge greifen und mitteilen, dass er sehr wohl solche Ansprüche verwirklicht oder gar besser ist.

Die Intrige

Wir sollten uns jetzt noch eine sehr viel unangenehmere Verwandte der Lüge ansehen, die Intrige. Intrigen täuschen nicht nur über die Wahrheit, sondern sie werden mit einem Geflecht von Lügen, Übertreibungen, Halbwahrheiten und manipulierenden Vermutungen erschaffen, um anderen zu schaden und/oder dem Lügner zu nutzen. Die Lüge wird zum wesentlichen Instrument der Intrige.
So sind z. B. im Bereich des Mobbings Intrigen das gängigste Mittel. Wie funktioniert die Lüge im Mobbing? Zentrales Thema des sogenannten Mobbings ist es, eine Person systematisch herabzuwürdigen. Da allerdings in nahezu keinem Lebenslauf oder keiner Lebenssituation so viele Vorfälle erscheinen, um jemanden systematisch, das bedeutet dauerhaft und regelmäßig, herabzuwürdigen, muss eben etwas hinzuerfunden werden. Diese Lügen sind für das Opfer sehr gefährlich. Denn – das sagt schon der Volksmund – es bleibt immer was hängen!

Die einschlägige Literatur gibt sogar etliche Anleitungen zum Lügen – wohl, weil Lüge und Intrige schon immer zum menschlichen Verhalten gehören. Die wohl bekannteste Intrige findet sich bei *Othello*. In diesem Stück von Shakespeare wird der Hauptdarsteller Othello durch eine intrigante Lüge sogar zu einem Mord getrieben. An diesem Beispiel kann man nicht nur den Umfang und die Bedrohung derartiger Lügen erkennen, man kann auch sehen, dass solche Vorgehensweisen eine lange Tradition haben.

Die Selbstverteidigungslüge

Wenn man an das oben beschriebene Defensivgespräch denkt, so könnte einem die Selbstverteidigungslüge in den Sinn kommen. Ein derartiger Begriff existiert zwar weder im Sprachgebrauch der Psychologen noch der Juristen, doch diese Art der Lüge gibt es trotzdem. In der Juristerei werden Selbstverteidigungslügen zum Eigenschutz sogar insoweit akzeptiert, als entsprechende Regelungen in den Gesetzen solche Lügen berücksichtigen. In einem Gerichtssaal muss sich kein Zeuge, obwohl er die Wahrheit sagen muss, selbst belasten. Da der Gesetzgeber aber wusste, dass sich die Leute vor Gericht nicht selbst belasten, sondern stattdessen lügen, hat er den Zeugen die Möglichkeit gegeben, an dieser Stelle zu schweigen. Ein Zeuge hat damit die Möglichkeit, sich straffrei in Schweigen zu hüllen. Dieses Bedürfnis, sich selbst zu schützen, ist zutiefst menschlich und wird auch deshalb vor Gericht ak-

zeptiert. Trotzdem handelt es sich bei diesem Schweigen um eine Lüge, die entscheidend für die Bewertung anderer Menschen oder Taten sein kann. Stellen Sie sich beispielsweise vor, dass Sie Angeklagter sind und ein Zeuge, der eigentlich der Täter ist, sich zur Frage um das Wissen zu dem Tatbestand in Schweigen hüllt. Würde er seine Täterschaft gestehen, wären Sie als Angeklagter in diesem Beispiel frei, während der Zeuge bestraft würde.

Doch die Selbstverteidigungslüge kommt in den meisten Verhandlungen oder Gesprächen nicht als Schweigen daher, sondern in Form von Erklärungen und Aussagen, die teilweise oder ganz falsch sind. Es kann also entscheidend sein, sich auch diese Lüge genauer anzusehen. Dazu ein wichtiger Tipp: Wenn die Ausführungen des Lügners kompliziert sind oder verworren werden, dann versuchen Sie, das Geflecht einfach zu entknoten. Brechen Sie alles Gesagte auf die einfachsten Komponenten herab. Dann beginnen Sie an den »Knotenpunkten« nachzufragen und stellen die komplizierten Ausführungen des Lügners ins Licht der von Ihnen heruntergebrochen einfachen Sichtweise. Formulieren Sie alles neu in einfachen Worten und entdecken Sie damit eventuelle Widersprüche. Haben Sie ruhig den Mut, mehrmals nachzufragen, wenn Ihnen etwas nicht einleuchtet und Sie eine Lüge vermuten.

Diese vier Hauptkategorien der Lüge reichen aus, um sich ein ungefähres Bild der unterschiedlichen Lügen zu machen. Wenn wir entdecken, warum ein Mensch lügt, fällt es uns auch leichter, über den Hebel der Motivation die

Lüge aufzudecken. Die Motivation verrät zuerst, ob gelogen wird. Weitere Indikatoren kommen hinzu. Die Motivation ist aber der erste Wegweiser zur Wahrheit.

Was Stimme und Körpersprache verraten

Man liest oft, dass sich Lügner durch ihre Körpersprache verraten. Dabei werden einzelne Merkmale zu sogenannten »Lügensymptomen« hochstilisiert, die den Lügner entlarven sollen. Landläufig wird z. B. ein steter Augenkontakt als Merkmal von Aufrichtigkeit betrachtet, während ein Lügner diesen nicht halten kann. Somit würden Leute, denen es schwerfällt, Sie anzublicken, unaufrichtig sein oder lügen. Hier gibt es unterschiedlichste Autoren und Trainer, die ebenso unterschiedliche Lügensymptome gefunden haben wollen. Wissenschaftlich nachgewiesen sind solche Lügensymptome für sich allein nicht. Das bedeutet, dass es kein einzelnes Merkmal gibt, das mit Sicherheit als Merkmal einer Lüge bezeichnet werden kann. Das gilt aber nicht für die Vielzahl von Verhaltensauffälligkeiten, die im Zusammenspiel dann doch einen Hinweis auf eine Lüge geben können. Darauf sollten Sie Ihr Augenmerk richten. Die Gesamtheit der Körpersprache ist aufschlussreicher, als die Suche nach einzelnen Verhaltensauffälligkeiten als Beweis einer Lüge. Die Körpersprache kann also sehr wohl ein Indiz für eine Lüge sein. Allerdings kann man das nicht an einzelnen Symptomen festmachen, sondern muss auf die Gesamtheit der Gesten blicken.

Finden Sie die Wahrheit hinter den Worten

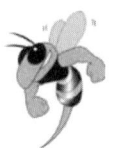

Lassen Sie mich gleich an dieser Stelle auf ein paar Merkmale eingehen, die den Lügner verraten können. Eine hundertprozentige Sicherheit gibt es dabei aber nicht.
Wenn wir nun von Körpersprache sprechen, so sollten wir die Körpersprache in unterschiedliche Bereiche aufteilen. Einerseits die tatsächliche Körpersprache mit dem Schwerpunkt Arme, Beine und Körperhaltung, andererseits die Mimik, also das Gesicht, die Sprache und die Stimmlage.

Sagen Füße immer die Wahrheit?

Bei der Körpersprache herrscht relative Einigkeit darüber, dass man den Gesamtkörper betrachten soll. Eine kleine Warnung sollte an dieser Stelle bereits ausgesprochen werden, da das Anstarren oder ausführliche Mustern des Gegenübers von diesem leicht missverstanden werden kann. Sie sollten also Ihre Beobachtungen möglichst dezent stattfinden lassen.
Auf welchen Körperteil sollten wir denn nun besonders achten? Über dieses Thema streiten sich die Gelehrten. So hat z. B. Desmond Morris in seinem berühmten Aufsatz *Man watching* die These aufgestellt, dass je weiter der Körperteil vom Kopf weg ist, desto verräterischer er für Lügner sei. Dieser These haben sich mittlerweile sehr viele angeschlossen. Auch in diesem Buch wird diese These als richtig anerkannt. So sollte man ein wesentliches Augenmerk auf die Beine und Füße des Gesprächspartners richten, wenn man über die Körpersprache den Wahrheitsge-

halt einer Aussage entschlüsseln möchte. Desmond Morris spricht sogar davon, dass Füße immer die Wahrheit sprechen.

In dem folgenden Beispiel sieht das ganz einfach aus. Gehen Sie einmal abends in eine Kneipe und beobachten Sie dort (dezent, Sie wissen schon) die Füße und Beine der Leute. Sie werden feststellen, dass die Fußspitzen in unterschiedliche Richtungen zeigen. So wird z. B. ein an der Bar sitzender Mann, der auf Brautschau ist, mit der Fußspitze in die Richtung seiner Auserwählten zeigen. Jemand, der gehen möchte, wird dagegen den Fuß dezent, aber zielgerichtet zum Ausgang zeigen lassen. Diese Handlungen geschehen nicht bewusst, sondern unbewusst. Aber Vorsicht: Ein Merkmal allein reicht nicht aus, um eine eindeutige Bewertung durchzuführen.

Auch bei einer Verhandlung, die man im Sitzen führt, lässt sich eine gewisse Wahrheitsaussage der Beine entdecken. Es wird Ihnen sicherlich auch schon aufgefallen sein, dass viele Menschen die Beine regelrecht verknoten, wenn Sie Ihnen gegenübersitzen. Das ist ein Zeichen von Zurückhaltung. Diese Menschen sind im Moment des Gesprächs nicht offen, sondern halten sich zurück und versuchen ihre Interessen optimal zu wahren. Sehen Sie also eine solche Haltung, müssen Sie davon ausgehen, dass es nicht zum schnellen Erfolg reicht. Sitzen Sie dagegen jemandem gegenüber, der eine normal entspannte Sitzhaltung einnimmt, so können Sie auf schnelle Lösungen hoffen. Selbstverständlich gilt das auch fürs Stehen. Vielleicht

ist Ihnen schon einmal aufgefallen, dass in Situationen des Smalltalks, ob das nun in der Kneipe oder nach Seminaren ist, viele Leute ihre Beine nicht nur locker überkreuzen, sondern schon beinahe verkrampft verknoten. Auch hier ist Zurückhaltung zu diagnostizieren. Sie müssen die Zurückhaltung Ihres Gegners knacken und langsam, aber bestimmt zum Erfolg kommen.

Völlig unbedenklich ist allerdings die Sitzhaltung, bei der die Beine übereinandergeschlagen werden. Dieses Überkreuzen sagt keinerlei Zurückhaltung aus, sondern ist lediglich Ausdruck einer bestimmten Sitzhaltung. Ich würde dieser Sitzhaltung keine große Bedeutung beimessen, sondern sie einfach als neutral bewerten.

Auch an dieser Stelle gilt, dass das Beurteilen von Sitzpositionen fehlerträchtig sein kann. Ich warne deshalb davor, solche Beobachtungen zum alleinigen Messfaktor der Lügenenttarnung zu machen. Ein Beispiel kann das am besten erläutern.

So ist es weit verbreitet, dass Damen anders zu sitzen haben als Männer. Damen werden immer angespannter, aufrechter und mit übergeschlagenen Beinen sitzen, da vielen das so anerzogen wurde. Diese Haltung soll Aufrichtigkeit und Anständigkeit signalisieren. Wenn Sie nun diese anerzogene, zugegebenermaßen vielleicht verkrampfte Sitzweise falsch interpretieren, kann im Extremfall diese Fehleinschätzung der Ausgangspunkt des Scheiterns der Gespräche sein.

Weitere körperliche Signale

Betrachten wir jetzt Oberkörper, Arme und Hände. Auch diese Bereiche haben eine eigene Körpersprache. So sind zur Faust geballte Hände leicht als Angriffs- oder Wutreaktion zu erkennen. Ebenso sollte man verkrampftes Festhalten genauer betrachten. Ihnen sind sicher auch schon Menschen aufgefallen, die sich regelrecht an der Armlehne festklammern. Im Gegensatz dazu gibt es natürlich auch Gesprächspartner, die mit fliegenden Händen und fuchtelnden Gesten im Gespräch sind. Bevor man das nun bewertet, sollte man das Gegenüber kategorisieren. Handelt es sich beispielsweise um einen »heißblütigen Südländer«, so kann das wilde Agieren der Hände nahezu bedeutungslos für den Gesprächsinhalt sein. Ist es dagegen eine ruhige Person, die sich plötzlich wild gestikulierend am Tisch bewegt, so stellt das einen momentan erregten emotionalen Zustand dar. Den Hintergrund der Erregung gilt es dann auszumachen, da es möglicherweise eine Lüge ist. Auf diesem Prinzip der Erregung beim Lügen basiert z. B. auch ein Lügendetektor. Er misst den Erregungszustand bei Antworten und schließt daraus auf eine Lüge oder die Wahrheit. Machen Sie sich diese Erkenntnis zu Nutze.

Auch der Oberkörper spricht eine eigene Sprache. So wurde in Tests herausgefunden, dass ein Lügner, bevor er die Wahrheit spricht, die Schultern plötzlich nach vorne rollen lässt. Das ist eine Bewegung des In-sich-Zusammensackens, das vor dem Aussprechen der Wahrheit steht.

Finden Sie die Wahrheit hinter den Worten

Dieses Phänomen wurde in Situationen entdeckt, in denen nach langem Lügen der Lügner zur Wahrheit übergeht. Entdecken Sie eine solche Geste, sollten Sie an dieser Stelle kurz mit dem Sprechen innehalten, da Ihr Gegenüber wohl mit der Wahrheit herausrücken möchte.

Ein sehr schwieriges Feld

Es gibt sehr viele unterschiedliche Situationen und Körpersprachenelemente. Bevor Sie sich nun aber daran machen, die Körpersprache Ihres Gegenübers zu studieren, darf ich Sie auf den wichtigsten aller Aspekte hinweisen. Bevor Sie sich ein Urteil über Ihren Kontrahenten erlauben, müssen Sie ihn gut genug kennen. Nur das typbezogene Einordnen der Körpersprache ermöglicht nämlich eine zuverlässige Beurteilung. Kennen Sie Ihr Gegenüber gut und stellen fest, dass die Körpersprache für Nervosität oder gar einen anderen bedenklichen Zustand aus Wahrheitssicht spricht, so können Sie seine Körpersprache bei der Wahrheitsbewertung seiner Aussagen miteinfließen lassen. Kennen Sie Ihr Gegenüber allerdings nicht, so ist dieses Bewerten eher zweitrangig. Es birgt einfach zu viele Fehlerquellen, um noch zuverlässig zu sein.

Um auf unser Beispiel aus dem Baumarkt zurückzukommen, wird es Ihnen sicherlich schwerfallen, den Verkäufer des Baumarkts, den Sie ja nicht kennen, eindeutig einzuordnen und seine Körpersprache richtig zu lesen. Sie sollten deshalb zurückhaltender agieren. Geht es aber zum

Beispiel im Bereich des Mobbings im Betrieb um Kollegen oder Vorgesetzte, so können Sie das Bewerten der Körpersprache – aufgrund der Kenntnis Ihrer Kollegen – wohl zielgerichteter einsetzen. Auch in einer Partnerschaft werden Sie die Gesten gut bewerten können.

Die richtige Einordnung der Beobachtungen in den Kontext der Gesamtkörpersprache ist unerlässlich, um vernünftige Rückschlüsse ziehen zu können.

Gesichtsausdruck

In unserer Gesellschaft blickt man einander beim Sprechen in die Augen. Das wird als Anzeichen für Aufrichtigkeit verstanden. Geübte Lügner aber setzen Mimik und Gestik gezielt ein, um ihre Lügen zu decken. So ist die gespielte Emotion im Gesicht deutlich zu erkennen und auch stimmig zum Gesagten. Nicht zuletzt ist das eine besondere Gabe und kann durch Übung perfektioniert werden, denn sonst könnten wir keinerlei authentische Filme sehen. Der Beruf des Schauspielers hat genau diese Kunst perfektioniert. Dieses Können haben allerdings nicht nur geübte Schauspieler, sondern auch etliche »Schauspieler des alltäglichen Lebens« sind fähig, entsprechende Emotionen nur zu spielen und die Mimik entsprechend einzusetzen. Seien Sie also vorsichtig, wenn Sie Gesichtszüge bewerten. Oft ist allerdings (mit gewisser Intuition) ein gespieltes Lächeln sofort zu erkennen. Die Gesichtspartien verändern sich dann anders, als es im Echtfall geschehen würde.

Finden Sie die Wahrheit hinter den Worten

Überhaupt ist die Intuition oft ein guter Ratgeber. Unterdrücken Sie deshalb nie Ihre innere Stimme, wenn sie Ihnen sagt, dass etwas seltsam ist. Oft ist es genau diese innere Stimme, die auf den Fehler im Lügenkonstrukt hinweist. Sie ist deshalb ein wertvoller Ratgeber, auf den Sie unbedingt hören sollten.

Aber zurück zur Mimik. Eine bestimmte Gesichtsregung erscheint mir besonders bemerkenswert: das im Volksmund sogenannte »Entgleisen der Gesichtszüge«. Der Ausdruck weist auf eine Festlegung der Gesichtszüge hin – wie ein Zug, der auf Gleisen fährt. Entgleist er, findet ein unverhofftes Ereignis statt. Entgleisende Gesichtszüge sind eine Reaktion auf ein unvorhergesehenes Ereignis oder eine unvorbereitete Frage. Das Entgleisen der Gesichtszüge ist einfach zu erklären. Dem menschlichen Gehirn ist es nicht möglich, Lügen und Sprechen zugleich vorzunehmen und zu koordinieren. Es kann entweder denken oder sprechen. Deshalb wird es einem Lügner, der seine Gesichtszüge kontrolliert, oft passieren, dass seine Gesichtszüge entgleisen, wenn auf eine unverhoffte Frage das Gehirn anfängt, die »passende Wahrheit« zu erarbeiten. Diese Denkleistungsanforderung führt dazu, dass die Kontrolle der Gesichtszüge nicht mehr perfekt stattfinden kann, schließlich braucht das Gehirn die gesamte Leistungsfähigkeit zum Nachdenken. Für den kurzen Moment der Arbeit an der »angepassten Wahrheit« findet also keine Kontrolle der Gesichtszüge mehr statt. Ein aufgesetztes Lächeln fällt weg, ein grimmiger Blick löst sich auf, das

Gesicht entgleist. Entsprechend dieser Entgleisung können Sie feststellen, dass sich ein Nachfragen lohnt. Sie werden dann sicherlich oft auf eine Lüge stoßen.

Sie sollten also auch Fragen stellen, die vollständig unvorbereitet für Ihr Gegenüber sind. Das muss nicht unbedingt den Kernbereich des Themas betreffen, sondern kann auch etwas aus dem Randbereich des Gesprächs sein. Allerdings sollte immer ein Bezug zum eigentlichen Thema vorhanden sein. Handelt es sich um eine wahre Geschichte oder um wahre Begebenheiten, wird die Antwort rasch ohne entgleisende Gesichtszüge kommen, ist sie dagegen erfunden, so wird ein kurzer Prozess des Nachdenkens mit entsprechender Mimik zu sehen sein. In meiner täglichen Arbeit habe ich oft beobachtet, dass auch das Entgleisen der Gesichtszüge durch den Gesprächspartner selbst bemerkt wird und der Lügner versucht, dieses zu verbergen. Oft geschieht das durch Wegdrehen des Kopfes. Für Sie als geübten Gesichtsbeobachter ist das jedoch nun leicht durchschaubar.

Stimme und Stimmlage

Kommen wir nun zu Stimme und Stimmlage. Hier lässt sich sehr viel erkennen und zwischen den Worten herauslesen. Mit der Stimme versucht man das Gesagte zu untermalen, zu bekräftigen oder glaubhafter zu machen. So werden entscheidende Stellen prägnanter betont oder lauter ausgesprochen. Allerdings sollten Sie nicht den Fehler

machen, sich nur auf die Stimmlage als Anhaltspunkt zu verlassen. Hören Sie auch genau auf Ihr Gegenüber und analysieren Sie die Stimme im Normalzustand. Haben Sie einen eher leisen Sprecher vor sich, der an einer gewissen Stelle laut wird, so könnte das Wut bedeuten. Haben Sie dagegen jemanden vor sich, der laut spricht aber am Ende die Sätze nicht vollendet oder ins Stottern gerät, so kann das ein Hinweis sein, dass er die Unwahrheit spricht. Auch ein Zittern in der Stimme weist auf eine gewisse Anspannung oder Erregung hin. Am besten verdeutlicht sich das wieder an einem kleinen Beispiel.

Um Fakten für dieses Buch zu suchen, habe ich im Internet recherchiert. Dabei habe ich nach den Begriffen »Lügendetektoren« und »Spracherkennungsprogramme« gesucht. Lügendetektoren und auch Softwareprogramme sollen anhand der Stimmlage ermöglichen, Lüge und Wahrheit auseinanderzudividieren. Die Technik funktioniert aber nicht einwandfrei, sondern hat so ihre Tücken. Ein Spracherkennungsprogramm hat die Aussage des ehemaligen US-Präsidenten Bill Clinton, der nach seiner Beziehung zu Monica Lewinsky befragt wurde, analysiert. Die Aussage von Bill Clinton, er hätte keinerlei sexuelle Beziehung zu Mrs. Lewinsky gehabt, wurde von dem Spracherkennungsprogramm als wahr bewertet. Das Programm hat keinerlei verräterische Schwankungen oder sonstige Besonderheiten bemerkt. Geübte Lügner können also auch ihre Stimme so kontrollieren, dass sogar für Maschinen nicht viel Bemerkenswertes dabei herauskommt.

Die Technik der Anwälte

Hier ein paar Faustregeln, die keine Allgemeingültigkeit beanspruchen, sondern lediglich als Anhaltspunkte zum Erkennen von Lügen an der Stimmlage dienen können. Während ein Durchschnittslügner im Falle der Lüge schneller und mit höherer Stimme als gewöhnlich spricht, ist der Gelegenheitslügner, der sich schuldig fühlt, beim

---

Checkliste zur Lügenerkennung

1. Achten Sie darauf, ob Ihr Kontrahent besonders nervös und fahrig wirkt.
2. Achten Sie besonders auf die Fußstellung, denn weit vom Körperzentrum liegende Körperteile »sprechen« am ehesten die Wahrheit.
3. Achten Sie bei der Sprache auf die Sprechgeschwindigkeit und eine veränderte Stimmlage im Vergleich zur normalen Sprache Ihres Kontrahenten.
4. Vorsicht: Die Körpersprache allein wird niemals ausreichen, eine Lüge aufzudecken und/oder nachzuweisen. Benutzen Sie sie nur als Hilfsmittel, um die Stelle zu finden, an der sich ein inhaltliches Nachhaken lohnen könnte.

Lügen eher leise. Er spricht die Lüge leiser aus, da er sich schuldig fühlt und nur leise lügen möchte. Das sind unbewusste Handlungen.

Ferner gibt es Lügner, die sich nicht auf die Lügen vorbereitet haben. Diese sprechen dann langsamer und suchen die richtigen Worte. Verursacht die Lüge Stress, wird der Lügner schwungvoller und lauter. Das hat die Psychologin Lillian Glass herausgefunden.

Sie sehen also, je nach Typ des Lügners kann sich die Stimme unterschiedlich verändern. Die anfangs erwähnten Lügensymptome gibt es somit einzig und eindeutig nicht. Es kommt auf das Gesamtbild an. Etwaige Lügenanzeichen sind aber ein Signal dafür, dass es sich an derartigen Stellen lohnen könnte, verstärkt nach der Wahrheit zu forschen.

Zusammenfassend kann man sagen, dass es gewisse körpersprachliche Eigenheiten gibt, welche auf eine Lüge hindeuten können, ein eindeutiger Beweis ist darin aber nicht zu sehen. So schön es auch wäre, mehr als ein Indiz wird sich nicht ergeben.

Lügen sicher enttarnen

Da es eindeutige Lügensymptome nicht zu geben scheint, muss ein anderer Weg eingeschlagen werden, um ans Ziel zu kommen. Wie kann man nun die Wahrheit herausfinden, um seine eigenen Rechte optimal zu wahren?

Die Juristerei und die Psychologie halten hier den Bereich der sogenannten Aussagepsychologie bereit. Deren Erkenntnisse sind geeignet, um einen Wahrheitscheck auch im Alltag durchzuführen. Ich gehe kurz auf einige Grundlagen der Aussagepsychologie ein, um später eine Brücke zur Anwendung im alltäglichen Leben zu schlagen.

Die Techniken der Aussagepsychologie

In der Aussagepsychologie werden Eigenarten der jeweiligen Aussage betrachtet. Diese Aussageeigenarten, also Besonderheiten der jeweiligen Aussage, werden auf Glaubhaftigkeitsmerkmale untersucht. An dieser Stelle schließt sich der Kreis, denn Aussageeigenarten werden dann zu einem Glaubhaftigkeitsmerkmal, wenn sie eine höhere Qualifizierung erfahren, also gesteigert sind. Die wissenschaftliche Aussagepsychologie sucht nach mindestens drei Aussageeigenarten, die gesteigert, also deutlich ausgeprägt vorhanden sind und somit Glaubhaftigkeitsmerkmale darstellen. Findet man also mindestens drei gesteigerte Aussagearten, geht man von der Glaubhaftigkeit der Aussage aus. Allerdings kann die genaue Einschätzung nur im jeweiligen Einzelfall und nicht generell erfolgen.

Wahrscheinlich geht es vielen beim Lesen der zuvor genannten Definition ähnlich: Sie wirkt sehr abstrakt und muss mit Leben gefüllt werden. Was haben wir also darunter zu verstehen? Um auf die Wahrheit einer Aussage oder einer Behauptung schließen zu können, müssen ge-

Lügen sicher enttarnen

wisse Voraussetzungen vorliegen. Diese Voraussetzungen sollen so fundiert bzw. gesteigert sein, dass sie zu etwas Besonderem – einem Glaubhaftigkeitsmerkmal – werden. Allerdings reicht nur eine Steigerung nicht aus, sondern aus wissenschaftlicher Sicht sollen drei davon vorhanden sein, damit man nahezu sicher sein kann, dass die Aussage bzw. Behauptung richtig ist. Leichter erklären sich solche komplizierten Definitionen durch konkrete Beispiele. Am besten, wir werfen deshalb einen Blick auf gewisse Eigenarten von Behauptungen bzw. Aussagen.

Quantitativer und qualitativer Detailreichtum

Unter Detailreichtum versteht man eine erhebliche Anzahl von Einzelheiten des berichteten Vorgangs. Damit hebt sich die Beschreibung von einer pauschalen Berichterstattung ab. Dabei ist die Forderung nach Details eine derartig wichtige Grundforderung für die Glaubhaftigkeit, dass jede Aussage auf Details überprüft werden sollte. Finden sich in einer Aussage keine Details und sind solche auf Nachfrage auch nicht zu erhalten, kann man Zweifel an der Wahrhaftigkeit haben. Quantitativer Detailreichtum ist also ein wichtiges Merkmal für die Richtigkeit einer Aussage.

Aber nicht nur die Anzahl der Einzelheiten ist wichtig, sondern auch die Qualität der Einzelheiten. So kann ein Beobachter in der Regel nicht nur Details schildern, wie sie in einem Zeitungsartikel zu lesen sind, sondern er wird

ganz individuelle Eindrücke des Geschehens im Gedächtnis haben. So könnte er etwa Geschehensabläufe gesehen haben, die er womöglich nicht in einen größeren Zusammenhang einordnen kann: Wenn beispielsweise jemand berichtet, ein Kollege gehe regelmäßig nach der Arbeitszeit noch mal an den Schreibtisch seines Vorgesetzten, um dort etwas Ordnung zu schaffen. Der beobachtete Kollege wird sich offensichtlich Daten oder Zahlen seines Vorgesetzten von dessen Schreibtisch holen, die Ordnungsliebe wird wohl nicht der Beweggrund sein. Der Beobachter hat allerdings den Zusammenhang nicht erkannt, sondern hat die Ordnungsliebe als sogenannte phänomengebundene Beschreibung dazugeliefert. Phänomene sind in der Aussagepsychologie situationsbeschreibende Merkmale. Besonders häufig findet man solche Beschreibungen in Aussagen von Kindern. Das haben die Eltern unter ihnen sicher sofort bemerkt. Finden sich also solche Beschreibungen in einer Aussage, und der Berichterstatter kann den tatsächlichen Hintergrund offensichtlich nicht richtig einordnen, ist dieser Aussageteil als glaubhaft einzustufen.
Aber eine gesunde Vorsicht ist hier unabdingbar, da auch geschickte Lügner derartige Schilderungen einsetzen. Bei derartigen Schilderungen sind also immer Nachfragen angezeigt.
Worauf Sie bei der qualitativen Bewertung einer Aussage besonders achten sollten, sind ausgefallene oder originelle Einzelheiten. Sicherlich ist hier etwas Erfahrung in der betreffenden Situation notwendig, um einen Vergleich vor-

Lügen sicher enttarnen

nehmen zu können. Am besten, sie stellen sich die Situation so vor, wie Sie diese oder eine ähnliche schon selbst erlebt haben, und vergleichen sie dann mit der beschriebenen Darstellung.
Eine ebenso qualitativ hochwertige Detaillierung liegt vor, wenn der Beobachter später eigene psychische Vorgänge bei der Beobachtung schildern kann. Am schlüssigsten sind zur Situation passende Empfindungen. Welche Empfindung nun beschrieben wird, und ob sie auch tatsächlich passt, ist jeweils im Einzelfall zu entscheiden. Finden Sie aber derartige Details, ist von Glaubhaftigkeit auszugehen.
Da die Grundforderung nach Detaillierung für die Glaubwürdigkeit eine wesentliche Rolle spielt, werden nicht selten Aussagen nur an gewissen Teilen verändert. So werden wahre Begebenheiten mit verfälschten Aussagen verbunden. Die Lüge wird in eine wahre und durch Sachbeweise nachweisbare Hülle eingepackt. Lassen Sie mich hier ein kurzes Beispiel geben.
In einem Mobbingbetrieb möchte ein Kollege den anderen eines Diebstahls bezichtigen. Er weiß von dem Kollegen, dass er regelmäßig als Letzter das Büro verlässt. Er weiß auch, dass der Kollege, bevor er das Büro verlässt, noch ins Aktenarchiv geht, um dort Akten oder Unterlagen abzulegen. Diese Kenntnisse verwendet er nun, um den Kollegen auf dem Weg von seinem Büro zum Archiv einen Diebstahl unterzuschieben. Er behauptet nun also einen Diebstahl aus einem Zimmer, das auf dem Weg des Kollegen liegt. Diesen Diebstahl hat er zuvor selbst begangen,

behauptet aber, dass er den Kollegen bei diesem Diebstahl gesehen hat. Die Indizien passen dazu, da der Kollege ja nachweislich den Weg gegangen ist und als Letzter am Tatort war. Sie werden zugeben, die Tatsache, als Letzter am Tatort gewesen zu sein, ist ein schwerwiegendes und beeindruckendes Verdachtsmoment. Unser unschuldiger Beispielskollege sieht also wie der sichere Täter aus. Wie kommt er aber nun aus der Anschuldigung wieder heraus? In solchen Situationen ist es sehr wichtig, auf die Detaillierung einzugehen. So ist nicht nur der Vor- und Nachsachverhalt zu prüfen, sondern auch die entscheidenden Teile der Aussage müssen genau unter die Lupe genommen werden. Diese Teile der Aussage müssten mit Details gespickt sein. Wenn der Kollege den Diebstahl begangen hat, müsste der andere Kollege, der ihn dabei gesehen haben will, neben dem bloßen Vorbeigehen am Tatort auch noch eine zeitliche Komponente angeben können. Denn es leuchtet ein, dass ein Diebstahl mehr Zeit in Anspruch nimmt als das bloße Passieren des Tatorts. Der Täter muss sich ja nicht nur Zugang zum Raum verschaffen und das Diebesgut suchen, er muss es auch verstauen, bevor er seinen Weg zum Archiv fortsetzt. Eine intensive Nachfrage nach der Dauer der Geschehensabläufe ist hier nötig und wird in unserem Beispielsfall dazu führen, dass der beschuldigende Kollege in Erklärungsnöte kommt, da er den Zeitablauf nicht zutreffend einschätzen kann. Hier wird es ihm an notwendigen Details fehlen. Er wird also nachdenken und dabei etwas ins Stocken geraten (Sie er-

Lügen sicher enttarnen

innern sich sicher an die eingeschränkte Verarbeitungsleistung des Gehirns: nur Denken, nicht sinnvoll sprechen). Weitere Nachfragen sollten folgen, da ja der Kollege selbst der Täter ist und wahrscheinlich mit zusätzlichen Details aufwarten wird. Wenn man nun intensiv nachfragt, erhält man sicher auch Details, die nur der Täter kennen kann. Schließlich möchte er ja durch detailgetreue Aussagen überzeugen. Suchen Sie nach Details, die nur der Täter kennen kann, und der Beweis ist gelungen.

Ebenfalls eine effektive Methode zur Wahrheitsüberprüfung mittels qualitativer Detaillierung ist die Überprüfung von inhaltlichen Verschachtelungen und die plausible Wiedergabe von Gesprächen. Achten Sie besonders darauf, ob die unterschiedlichen Rollen der Gesprächsteilnehmer wiedergegeben werden können. Im Umkehrschluss bedeutet dies, dass besondere Aufmerksamkeit geboten sein sollte, wenn nur die Zusammenfassung eines Gesprächs ohne Rollenverteilung oder Zitate berichtet werden kann. Die Fragen sollten sich deshalb auf diese Punkte richten. Da Geschehnisse oft ineinandergreifen, treten bei Beschreibungen entsprechende inhaltliche Verschachtelungen auf, ohne die sich die Geschehnisse nicht ausreichend beschreiben oder erklären lassen. Von inhaltlichen Verschachtelungen spricht man also, wenn vor dem eigentlichen Bericht Handlungen liegen, die mit den Ereignissen verknüpft sind. Diese Verschachtelungen, wenn sie stimmig und passend sind, sind in der Regel ein Glaubwürdigkeitsmerkmal. Nachfragen zu diesen Verschachtelungen können Lügen sehr schnell aufdecken. Das komplette Fehlen von inhaltlichen Verschachtelungen sollte Sie hellhörig machen.

Ergänzbarkeit

Jede Aussage ist durch Nachfragen ergänzbar, da der Berichterstatter nicht alle Details vollständig berichten wird. Ein derartiger vollständiger Bericht ist nahezu ausgeschlossen, weil sich jeder Aussagende sofort auf das eigentliche Kerngeschehen konzentriert und Einzelheiten ausspart. So wird der Befragte auf Nachfragen seine Aussage ergänzen können. Kann er das nicht, so können Sie mit an Sicherheit grenzender Wahrscheinlichkeit davon ausgehen, dass es sich um eine Lüge handelt. Bereiten Sie also die Fragen sorgfältig vor, um Lücken der Ergänzbarkeit festzustellen. Der wichtigste Punkt bei der Prüfung der Ergänzbarkeit ist natürlich, ob sich die ergänzten Aussageteile in das Gesamtbild einfügen. Das Gesamtbild, das man nie aus den Augen lassen sollte, ist der entscheidende Ausgangspunkt und muss auch noch nach den Ergänzungen stimmig sein. Erscheinen Widersprüche oder auch nur Ungereimtheiten, so sollten Sie wachsam sein.

Es gibt aber noch einen weiteren Stolperstein für den Aussagenden, wenn er lügt. Durch Ihre Nachfragen entsteht ein erhöhter Rechtfertigungsdruck. Um Ihre Nachfragen zu beantworten und der Lüge zur Glaubhaftigkeit zu verhelfen, werden immer mehr und umfangreichere Ausfüh-

Lügen sicher enttarnen

rungen nötig. Der Lügende wird nun versuchen, wortreich die Einzelheiten zu erklären und in das Gesamtgeschehen einzupassen. Im Wortreichtum werden sogar Selbstverständlichkeiten erklärt, um der Aussage noch mehr Glaubhaftigkeit zu verleihen. Die Erklärung von Selbstverständlichkeiten verleiht in den Augen des Lügenden seiner Aussage Glaubhaftigkeit, denn dort kann er ja nichts falsch machen. Sind Sie also immer dann auf der Hut, wenn Selbstverständlichkeiten wortreich erklärt werden.

Im vorangegangenen Teil haben wir schon festgestellt, dass unser Gehirn nicht gleichzeitig das Nachdenken und das Sprechen steuern kann. Man sollte deshalb auch nicht die Redegeschwindigkeit und Überlegungszeiten aus den Augen verlieren. Der die Unwahrheit sprechende Aussagende wird erst intensiv nachdenken müssen, wie er den nachgefragten Teil in die Gesamtaussage einpasst. Er wird also nicht schnell und rasch antworten, sondern vielmehr langsam und zögerlich. Achten Sie auf die vielen »Ähs« und »Öhs« und Füllwörter, die dem Lügner Zeit zum Nachdenken verschaffen. Als Faustregel gilt also, wenn eine rasche Aussageergänzung kommt, die sich nahtlos einfügt, können Sie davon ausgehen, dass das Beschriebene tatsächlich stattgefunden hat. Finden Sie dagegen »Ähs« und »Öhs« und eine längere Überlegungszeit oder verlangsamt sich die Sprache merklich, fragen Sie weiter nach, da Sie wahrscheinlich auf eine Lüge gestoßen sind. Es kann daher ratsam sein, dass Sie sich unerwartete Fragen zurechtlegen und damit Aussageergänzungen einfordern.

Personenübertragung

Besonders schwierig, eine Lüge oder eine unwahre Aussage zu entlarven, wird es, wenn eine sogenannte Personenübertragung stattfindet. Davon spricht man, wenn der Aussagende echt Erlebtes auf eine andere Person überträgt. Etwa so wie in unserem Beispiel zuvor der Aussagende, der einem Kollegen den selbst begangenen Diebstahl anlasten wollte. Aber auch an anderer Stelle kann selbst Erlebtes Grundlage einer Personenübertragung sein. In derartigen Fällen muss mit größter Sorgfalt gearbeitet werden. Allerdings bleibt die Technik die gleiche, sodass durch Nachfragen eine Überprüfung der Details zum Erfolg führen wird. Passen die Details nicht in das geschilderte Tatbild, sollten Zweifel bestehen. Fragen Sie deshalb detailliert nach Einzelheiten, um Widersprüche aufzudecken.

Homogenität

Dem Merkmal der Homogenität sollte man ebenfalls große Beachtung schenken. Von Homogenität spricht man, wenn die Gesamtaussage mit sämtlichen Details und Ergänzungen in sich stimmig ist. Dabei gibt es mehrere Möglichkeiten. Die Stimmigkeit oder Homogenität kann innerhalb einer Aussage und auch im Umfeld einer Aussage gefunden werden.
Innerhalb einer Aussage kommt es dabei darauf an, ob die Aussage so, wie sie geschildert wird, tatsächlich stim-

Lügen sicher enttarnen

mig ist. Das lässt sich herausfinden, indem man die mehrfach geschilderten Darstellungen einfach miteinander vergleicht. Besser lässt sich jedoch die Homogenität im Umfeld ermitteln. Aus dem Umfeld gibt es immer deutliche Anhaltspunkte, die zu einer Überprüfung herangezogen werden können. Das bekannteste Beispiel ist der Vergleich mit der Aussage eines anderen, glaubhaften Beobachters.

Auch die genaue Begutachtung des möglichen Geschehensorts ist oft entscheidend. Die dort zu findenden Details und Besonderheiten müssen sich stimmig in die Gesamtaussage einpassen. Besonders zu beachten ist dabei, ob die äußeren Gegebenheiten und damit auch die Kontrollmöglichkeiten der Gegebenheiten vom Aussagenden vorausgesehen oder gar beeinflusst werden können. Handelt es sich um nicht beeinflussbare stimmige Gegebenheiten, so sind sie als glaubhaft einzustufen. Am besten lässt sich das am folgenden kleinen Fall darstellen.

In einem großen Unternehmen soll ein wichtiges Dokument gestohlen worden sein. In der Geschäftsleitung wird vermutet, dass im Betrieb ein Spion der Konkurrenz sitzt. Einer der befragten Verdächtigen behauptete, ein anderer hätte den Diebstahl vorgenommen, er hätte es gesehen. Leider hat aber der behauptende Kollege übersehen, dass zum Zeitpunkt des Diebstahls der angebliche Täter auf Kundenbesuch war und aufgrund einer Autopanne nicht wie geplant ins Unternehmen zurückkehren konnte, sondern eine Werkstatt aufsuchen musste. Dies ließ sich durch die Reparaturrechnung und das Zeitkartenmanagement nachweisen. An diesem sehr einfachen Beispiel lässt sich schön erkennen, dass äußere, nicht beeinflussbare Gegebenheiten der Aussage widersprechen können. Achten Sie also auf solche Details und fragen Sie genau nach.

Ebenso sollten sachliche Widersprüche genau beleuchtet werden. Eine detailreiche Beobachtung bei Dunkelheit ist ein derartiger Widerspruch. Wir alle wissen, dass die Dunkelheit Beobachtungen deutlich erschwert. Hier ist ein Nachfragen erforderlich.

Auch sollten Sie hellhörig werden, wenn ein sogenanntes faktisches Verhalten beschrieben wird. Davon spricht man, wenn eine Reaktion des Zeugen auf das beschriebene Erlebnis dargestellt wird. Dieses Verhalten muss stimmig sein. So ist es beispielsweise unüblich, dass das Opfer eines Raubüberfalls nach der (angeblichen) Tat noch mehrere Stunden mit dem Täter aus freien Stücken zusammenbleibt und nicht sofort die Flucht ergreift, um den Vorfall anzuzeigen. Dieses wieder sehr einfache Beispiel soll nur verdeutlichen, dass Widersprüche im tatsächlichen Verhalten für das Erkennen von Lügen wichtig sind.

Ein weiterer Aspekt, um die Homogenität bestimmen zu können, ist, beim Aussagenden den Grad der Sachkenntnis zu überprüfen. Hat der Aussagende hohe Sachkenntnis von den berichteten Dingen, so kann an die Homogenität keine große Anforderung gestellt werden. Diese Sachkenntnis wird dazu führen, dass der Aussagende sich den Sachverhalt notfalls auch »hindrehen« kann. Hat er dagegen geringe Sachkenntnis, so ist der Homogenität bei einer Beschreibung ein wesentlich größerer Wahrheitsgehalt beizumessen.

Konstanz der Aussage

Die Konstanz kommt zum Tragen, wenn man sich die Entwicklung der Aussage über mehrere Befragungen ansieht. In der Regel sind wahre Aussagen auch nach mehrmaligem Befragen gleich. Ändert sich diese Konstanz jedoch, so sind Zweifel angebracht. Ein Trugschluss ist es aber, dass konstante Aussagen immer glaubhaft sind, während inkonstante Aussagen unglaubwürdig sind. So können auswendiggelernte Aussagen, die tatsächlich nicht wahr sind, an vielen Punkten konstant sein.

Wissenschaftliche Untersuchungen haben ergeben, dass glaubhafte Aussagen, die nicht mehr als zwei bis drei Jahre auseinanderliegen, an immer den gleichen Punkten konstant sind. An diesen Punkten stimmen also die Aussagen regelmäßig überein, Gedächtnislücken oder »Verwaschungen« finden nicht statt.

Dabei handelt es sich um folgende Punkte:

1. Die Schilderung von Handlungen, die für den Beobachtenden das sogenannte Kerngeschehen darstellen, ist konstant.
2. Die Handlungspartner, die unmittelbar am Geschehen beteiligt sind, verändern sich über die Aussagen hin ebenso nicht.

3. Die grobe Angabe von Örtlichkeiten, in denen sich die Handlungen abgespielt haben, bleibt regelmäßig gleich.
4. Angaben über die Bewegung oder die Veränderung von Örtlichkeiten, wie man z. B. von einem Ort zum anderen gekommen ist (gefahren, gegangen, etc.) bleiben ebenfalls unverändert.
5. Die Benennung von Gegenständen, zu denen die angeblich beobachteten Handlungen in unmittelbarem Bezug stehen (z. B. Schlag mit einem Kerzenleuchter) bleibt gleich.
6. Die Benennung über die Helligkeit oder Dunkelheit am Geschehensort unterscheidet sich über die Aussagen hin ebenso wenig.
7. Kommt es zu Berührungen zwischen den Beteiligten, werden diese Berührungsszenarien immer gleich beschrieben.

Die zuvor genannten Punkte bleiben also über einen Zeitraum von zwei bis drei Jahren gleich. Es lohnt sich also, auf sämtliche Aussagen des Beobachtenden im Lauf der Zeit zu achten. Weicht er in den zuvor genannten Punkten in unterschiedlichen Aussagen ab, sind große Zweifel an der Glaubhaftigkeit angebracht. Nachfragen können dann angezeigt sein.

Oft wird eine Gedächtnislücke vorgegeben, wenn in vorangegangenen Gesprächen beschriebene wesentliche Details vergessen oder nicht vollständig behalten wurden. Untersuchungen haben aber ergeben, dass die zuvor genannten

Details bei tatsächlich erlebten Vorgängen nicht vergessen werden. Allerdings nur für einen Zeitraum von zwei bis drei Jahren. Für länger zurückliegende Beschreibungen gelten die Untersuchungen nicht.

Die Vorteile dieser Technik

Mit den zuvor genannten Grundkenntnissen der Aussagepsychologie sollte es möglich sein, etwaige Beschuldigungen oder Bezichtigungen schnell auf Glaubhaftigkeit hin zu überprüfen.

Es ist aber nicht nur die bloße Technik, die entscheidet. Ich möchte Sie noch auf ein wichtiges Instrument bei der Vertretung der eigenen Interessen hinweisen. Es ist die innere Stimme eines Menschen. Diese innere Stimme warnt uns oder gibt uns grünes Licht. Hören Sie auf diese innere Stimme und verleugnen Sie sie nicht.

Ferner sollten Sie keine Angst vor Fehlern haben. Denn wenn die Angst vor Fehlern Sie davon abhält, für sich selbst einzutreten, werden Sie keine nennenswerten Resultate erzielen. Deshalb sollten Sie sich immer vor Augen halten: Es gibt nicht richtig oder falsch, es gibt lediglich ein Ziel, das mit legalen Mitteln und guter Vorbereitung erreicht werden soll. Machen Sie sich also keine Sorgen, ob Sie der Situation gewachsen sind oder nicht, gehen Sie die Situation einfach an. Gehen Sie mutig und selbstbewusst in das Gespräch! Die Ausstrahlung, die Sie dann haben werden – kombiniert mit den richtigen Techniken – wird

> **Checkliste Gesprächstechnik**
>
> 1. Bereiten Sie sich so gut wie möglich vor.
> 2. Vermeiden Sie die zehn typischen Verhandlungsfallen.
> 3. Hinterfragen Sie die Situation und machen Sie sich die Interessen der Gegenseite bewusst.
> 4. Beobachten Sie Gestik und Mimik Ihres Kontrahenten.
> 5. Überprüfen Sie das Gesagte auf den Wahrheitsgehalt.
> 6. Stellen Sie Fragen.
> 7. Verwenden Sie die Fragetechnik zielgerichtet.
> 8. Schalten Sie Ihre innere Stimme nicht ab. Vertrauen Sie Ihr!
> 9. Es gibt weder richtig noch falsch und damit keinen Grund (Versagens-)Angst zu haben.

zum Erfolg des Gesprächs beitragen. Führen Sie Gespräche frei von Vorurteilen oder Vorverurteilungen. Sind Sie sich Ihrer Meinung bereits sicher und möchten Sie diese nur bestätigt haben, wird ein Gespräch in einem Fiasko enden. Derartige Gespräche scheitern regelmäßig und füh-

Lügen sicher enttarnen

ren nicht zum Erfolg. Um weiterzukommen, müssen Sie intelligent und effektiv Ihre Rechte wahren und durch geschicktes Verhalten umsetzen. Sturheit oder die bloße Bestätigung von Überzeugungen gehört nicht dazu. Sind Sie jedoch von der Richtigkeit Ihrer Position überzeugt, dann sollten Sie flexibel und mit der richtigen Taktik handeln. Auch wenn sich die Ratschläge in einem Gespräch nicht sofort umsetzen lassen, bringen sie Sie weiter. Beeinflussen Sie einfach das Tempo. Nehmen Sie sich Bedenkzeit und unterbrechen Sie das Gespräch. Oft braucht auch Ihr Gegenüber etwas Luft, um sich in der Konfrontationssituation zurechtzufinden. Wenn Sie dann nochmals aufeinanderzugehen, werden Sie feststellen, dass die im ersten Gespräch geleistete konfrontative und argumentative Vorarbeit Früchte trägt. Überstürzen Sie deshalb nichts, sondern handeln Sie mit wachen Augen und mit Gespür. Denn auch Geduld kann Sie weiterbringen. Es ist natürlich oft entscheidend, dass man die richtige Frage- oder Gesprächstechnik beherrscht, wenn man die inhaltlichen oder körpersprachlichen Anhaltspunkte für eine Übervorteilung gefunden hat. Die richtige Frage- oder Gesprächstechnik kann als Form der Umsetzung entscheidend für den Erfolg sein.

Extra: Das Wichtigste protokollieren

Es kann wichtig sein, dass Sie sich Aussagen notieren, um auf die exakte Formulierung zurückgreifen zu können. In der Sprache der Justiz nennt man das Protokollierung.

Die Technik der Anwälte

Eine auf den ersten Blick altmodisch klingende Tätigkeit, die aber einen entscheidenden Vorteil bietet. Sie befreit das Gesagte von der Flüchtigkeit des Augenblicks und macht das Gesprochene »haltbar«. Eine gute Möglichkeit, sich später leicht an das Gesagte zu erinnern und es dann einzusetzen.

Ein gutes selbst geschriebenes Protokoll zeichnet sich durch die Kunst aus, das Wesentliche zu notieren und das Unwesentliche wegzulassen. Schreiben Sie deshalb nur das auf, was mit Ihrer Zieleliste korrespondiert, eine wesentliche Wendung der Angelegenheit mit sich bringt und/oder eine wesentliche persönliche Aussage Ihres Gegenübers ist. So bleibt das Protokoll schlank, übersichtlich und doch haben Sie das Wesentliche notiert.

Außerdem gibt Ihnen das Protokoll die Sicherheit, alles Wichtige nicht mehr vergessen zu können. Und es verleiht Ihnen auch eine enorme Außenwirkung. Ihr Gegenüber wird sich mit leichtfertigen Aussagen zurückhalten, denn Sie könnten ja diese Aussage notieren und an einer anderen Stelle des Gesprächs darauf zurückgreifen. Ihr Gegenüber wird sich also besser überlegen, ob er bei der Wahrheit bleibt oder Sie belügen wird. So erfüllt die Protokollierung des Gesprächs auch noch eine abschreckende Wirkung hinsichtlich der Einstiegsschwelle eventueller Tricks oder gar Lügen.

So setzen Sie die anwaltlichen Techniken um

Das Gelernte anwenden

Mithilfe der gezeigten anwaltlichen Techniken sind Sie ein guter Vertreter Ihrer eigenen Interessen geworden. Sie wissen, wie man seine Ziele findet, die richtige Taktik wählt, clevere Fragen stellt und Lügen enttarnt. Eigentlich können Sie alles. Nun aber gilt es, die Techniken anzuwenden.

Fatalerweise werden Sie diese Techniken nicht in einer entspannten Situation anwenden, sondern in einer für die meisten Menschen anstrengenden und aufregenden Konfliktsituation. Auch erfahrene Anwälte sind in Konflikt- und Konfrontationssituationen nervös und angespannt. Es ist deshalb keine Schande nervös zu sein, denn so geht es den meisten Menschen. Und da sind wir auch schon beim Punkt. Die beste Technik wird nur schwer zum Erfolg führen, wenn der »dazugehörige« Mensch in einer Konfliktsituation nicht gut agiert und reagiert. Mit anderen Worten: Der Mensch entscheidet!

Ihr Auftritt als Person

Gute Argumente oder eine enttarnte Lüge sind eine feine Sache, aber es kommt auch auf den jeweiligen persönlichen Auftritt an. In der heutigen Zeit reichen bloße Inhalte oft nicht mehr aus, auch die Außenwirkung entscheidet über

Ihr Auftritt als Person

den Erfolg. Die Präsentation in der Öffentlichkeit sollte also gut bedacht und gewählt sein. Mit dieser Präsentation erschaffen Sie den Eindruck, der über Ihre Person und Ihre Argumente entscheiden wird. Eine wesentliche Erfolgskomponente ist die Übereinstimmung der Techniken mit der jeweiligen Person. Die Person muss in ihren Aktionen immer authentisch und glaubwürdig sein. Fehlen diese Attribute, können auch die besten Argumente keinen Erfolg garantieren. Es sind die inneren und äußeren Komponenten Ihrer Perönlichkeit, die den Erfolg der Argumente schaffen.

Vermarkten Sie Ihre Interessen richtig

Ist denn eine echte »Vermarktung« überhaupt notwendig? Oder reicht es aus, wenn ein authentischer Auftritt mit guten Argumenten untermauert wird? Hier scheiden sich die Geister, denn es gibt zahlreiche Experten, die auf eine Vermarktungsstrategie schwören.
Viele dieser Vermarktungsstrategien wären es wert ein eigenes Buch zu füllen. Sie werden sicher auch nicht erstaunt sein, dass solche Bücher bereits existieren. Eine Reihe von Autoren hat sich die Mühe gemacht, unterschiedliche Vermarktungsstrategien vorzustellen und die einzelnen Wirkungsweisen zu erläutern. Aber: Brauchen wir wirklich gleich eine Vermarktung, oder reichen nicht an die Person angepasste Abläufe aus? Denn das Problem ist: Die Vermarktung, muss zu 100 Prozent passen, sonst geht der

Schuss nach hinten los und es kann sehr viel von dem kaputtgehen, was vorher durch harte Arbeit und viel Mut aufgebaut wurde.

Ein gutes Beispiel hierfür bietet die Arbeitswelt. Vielleicht haben Sie auch schon jene technisch brillanten visuellen Präsentationen via Beamer erlebt. Solche Präsentationen bieten ein Feuerwerk an Bildern, Funktionen und Fakten. Aber was sehr häufig passiert: Trotz Einsatz aller technischen Tricks und Präsentationstechniken springt der Funke einfach nicht über. Möglicherweise haben Sie sich sogar gelangweilt, obwohl das Thema sehr interessant war. Das scheint verwunderlich, da ja die technischen Komponenten einwandfrei waren. Bleibt also noch der Präsentator! Und genau da liegt der Hase im Pfeffer. Oft fehlt solchen Präsentationen das Feuer der Begeisterung oder die Leidenschaft für das Thema. Der Referent glaubt meistens weder an sich noch an das Thema, was der Supergau ist. Weder das Thema noch die Person werden dann eine positive Wirkung entfalten. Niemand kann sich hinter einer noch so brillanten Präsentation verstecken, wenn es auf den Präsentator ankommt. Und das ist meistens der Fall, außer Sie üben den mittlerweile seltenen Beruf des Filmvorführers im Kino aus. Dann kommt es tatsächlich auch nur auf den Film, also die Präsentation, an. Sobald aber ein realer Mensch mit auf der Bühne oder einfach nur im Blickpunkt steht, richtet sich die Aufmerksamkeit auf den Menschen und macht ihn zum Maßstab.

Gerade in Konfrontationen stehen Sie im Mittelpunkt! Ihre

Person repräsentiert Argumente und Interessen! Vergessen Sie das nie! Das Feuer, das Sie für Ihre Sache mitbringen, ist der entscheidende Faktor. Leidenschaft und Feuer für Ihr Thema, Ihre Interessen und die eigene Person sind ein echter Turbo auf dem Weg zur Selbstbehauptung.
Ich halte es deshalb für besser, keine Vermarktungstechnik einzusetzen. Widmen Sie sich lieber Ihrer Person und Ihrem Auftritt. Mir kommt es weniger auf die technischen Details der Vermarktung an, denn ich glaube, das ist gar nicht so wichtig. Sie sollten das jetzt aber nicht so verstehen, dass Sie die Gesprächstechniken einfach vernachlässigen können. Doch auch all Ihre Gesprächstechniken werden nichts helfen, wenn Sie nicht an sich und Ihre Ziele glauben. Alle werden merken, wenn Sie nicht hinter dem stehen, was Sie sagen.

Treten Sie richtig auf

Auch wenn ich Ihnen nicht zu einer speziellen Vermarktungsstrategie für Ihre Interessen raten möchte, so ist doch eines klar: Ihr Auftritt als Person muss dennoch sitzen. Ein guter Auftritt ist die halbe Miete. Ein Auftritt ist aber weder allein die Art und Weise, wie man sich kleidet, noch sind es ausschließlich die verwendeten Gesten und die gezeigte Mimik. Es ist beides. Ihre Mimik und Gestik sollte zur Kleidung und dem Anlass passen. Wenn dies so ist, werden Sie sicher einen gelungenen Auftritt haben und auch die damit verbundenen Vorteile einfahren können.

Die richtige Kleidung

Auch hier gilt die alte Weisheit: »Kleider machen Leute.« Und genau deshalb haben sich auch entsprechende rituelle »Verkleidungen« herausgebildet, die uns zu einem gewissen Schubladendenken gebracht haben. Wir haben angefangen, aus der Kleidung auf die Person rückzuschließen. Banker werden mit ihrer korrekten Kleidung als seriös empfunden. Also haben auch unseriöse Menschen begonnen, sich so zu kleiden, insbesondere, wenn sie Finanzgeschäfte machen wollen. Denn dort ist Korrektheit ein wesentlicher Erfolgsfaktor.
Oder denken Sie nur an Nachrichtensprecher oder auch Politiker. Beide »Spezies« zeigen sich meistens mit Anzug und Krawatte oder einem Businesskostüm bzw. Hosenanzug. Aber bedeutet das, dass Sie sich auch so kleiden sollten? Betrachten wir einmal die Alternativen. Meistens greifen Menschen auf die Kleidung zurück, die sie gewohnt sind oder in der sie sich besonders wohlfühlen. Ein prominentes Beispiel ist die Kombination Lieblingsjeans und Schlabberpulli oder auch Freizeit- oder Jogginganzug.
Um die richtige Kleidung zu finden, stellen Sie sich einmal einen Staatspräsidenten vor, wie er im Jogginganzug eine Regierungserklärung abgibt. Sie werden mir Recht geben, dass das ein eher belustigendes Bild abgeben würde. Dieser Auftritt mag ein paar Bonuspunkte hinsichtlich der zur Schau gestellten Natürlichkeit bringen und auch sonst auf manch einen sympathisch wirken. Aber eines werden

Ihr Auftritt als Person

wir in einen solchem Auftritt nicht entdecken: Seriosität, Nachhaltigkeit und Respekt! Und deshalb wird es ein solcher Aufritt auch nicht schaffen, dass der Auftretende und seine Inhalte ernst genommen werden. Aber genau das sollte das Ziel sein. Tragen Sie also Kleidung, in der man Sie ernst nimmt!

In Ihrem Fall bedeutet das, dass Sie sich fragen, wie und in welcher (Ver-)Kleidung Sie ernst genommen werden. Das ist dann auch die richtige Kleidung.

Anzug und Krawatte sind dabei nicht immer richtig. Besser ist es, sich Ihre Position und Funktion anzusehen, bevor Sie die Bekleidung auswählen. Dabei sind auch die Erwartungen Ihres Kontrahenten oder der Öffentlichkeit zu berücksichtigen. So erwartet man von einem Anwalt Anzug und Krawatte, ebenso von einem Banker. Von einem Handwerker dagegen wird das nicht erwartet, eine solche Kleidung würde eher Skepsis hervorrufen. Passen Sie also die Kleidung Ihrer Position an.

Allerdings sollten Sie die Funktion nicht vergessen. Beim Beispiel des Handwerkers etwa kommt es auf die Funktion an, in der er auftritt. Geht es um seine Handwerksleistungen oder damit zusammenhängende Themen, ist Berufskleidung sicher förderlich. Tritt unser Handwerker dagegen in anderer Funktion auf, z. B. als Vorstand seines Fußballvereins, so sollte sich sein Kleidungsstil an diese Funktion anpassen. Er sollte dann eben die Kleidung tragen, die man von einem Vereinsvorsitzenden erwartet.

Aber wie kleiden Sie sich, wenn Sie kein eindeutiges Bild

davon haben, wie man sich in Ihrer Position und Funktion kleidet, weil es vielleicht keine eindeutige »Kleiderordnung« gibt? Sie sollten sich dann einfach in die Lage Ihres Kontrahenten oder eines Beobachters begeben und sich fragen, was sie in dieser Rolle von Ihnen erwarten würden. Oder fragen Sie einfach eine Vertrauensperson. Diese Antwort gibt Ihnen dann den richtigen Kleidungsstil vor.

Die richtigen Gesten

Gesten können eine große Wirkung entfalten. Nicht nur die unbewussten Gesten, die man mit den Mitteln der Körpersprache analysieren kann, haben Aussagekraft. Oftmals sind es die bewusst eingesetzten Gesten, mit denen man Argumente unterstreicht, die einen Vorteil bringen.

Die richtige Geste kann den Durchbruch schaffen, die falsche aber auch einen Eklat heraufbeschwören. Nicht die übertriebene Geste, der einstudierte Gesichtsausdruck bringen Sie Ihrem Ziel näher, es ist ein authentischer Auftritt, der Ihnen hilft. Nur wenn Sie sich selbst treu bleiben und die Gesten zu Ihrer Person passen, werden Sie auch Erfolg haben. Denn dann werden Sie als echte Person wahrgenommen und damit auch ernst genommen. Bleiben Sie sich also unbedingt treu und bauen Sie darauf ein Gesten- und Mimikrepertoire auf.

Der Aufbau dieses Gesten- und Mimikrepertoires muss sich aber auch immer an der Situation orientieren. Und im Konfrontationsfall ist das nun mal eine ernste und weniger

Ihr Auftritt als Person

lustige Situation. Übertriebene Fröhlichkeit wird deplatziert wirken, konzentrierte Ernsthaftigkeit wird Ihnen dagegen einen besseren Auftritt verschaffen. Denken Sie daran, besonders wenn Sie auf Ihre Mimik achten.
Welche Gesten sind also richtig? Grundsätzlich sollte man eher ruhige und sachliche Gesten verwenden. So wird man ernst genommen. Wenn Sie also bereits einen ruhigen und besonnenen Charakter haben, wird es Ihnen nicht schwerfallen, auch ruhig zu wirken. Was aber, wenn Sie ein eher emotionaler Mensch sind? Ist es dann auch ratsam, ruhig zu bleiben und sich zu mäßigen? Grundsätzlich liegt die Kraft in der Ruhe, aber Sie sollten dabei keinesfalls so weit gehen, dass Sie sich zu weit herunterbremsen. Denn das sind dann auch nicht mehr Sie und somit ist das Ganze nicht mehr authentisch. Aber gerade authentisch sollen Sie wirken! Emotionale Menschen dürfen ruhig ihre Emotionen zeigen, wenn sie in die richtigen Bahnen gelenkt werden können. Beschimpfungen und sonstige Ausfälligkeiten sind natürlich tabu. Unkontrolliertes Unterbrechen oder Schreien sollte vermieden werden. Sie können aber sehr wohl die Stimme erheben und auch mit Nachdruck sprechen. Nur die Grenze zum Schreien sollten Sie nicht überschreiten. Auch eine lebhafte Gestik ist erlaubt, wenn Sie nicht bedrohlich wirkt. Aber was macht man, wenn das Gegenüber schreit, unterbricht und beleidigt? Dann sollten Sie nicht dagegenhalten, sondern Ihren Gesprächspartner darauf hinweisen, dass es Sie stört und Sie es für nicht zielgerichtet halten. Sagen Sie ruhig, dass Sie denken, dass

mit Schreien keine Lösung gefunden werden kann. Sollte dies nichts am Verhalten Ihres Kontrahenten ändern, dann brechen Sie das Gespräch ab und verschieben es auf einen anderen Zeitpunkt. Verloren habe Sie dabei nichts, denn ein »Geschreie« bringt selten eine Lösung.

Versuchen Sie auch unaufgeregt zu wirken. Das strahlt eine gehörige Portion Souveränität aus. Und Souveränität ist immer ein Zeichen von Stärke; das wird auch Ihren Kontrahenten beeindrucken.

Ich, der Anwalt

Ihre Person und die Situation sind also die Anknüpfungspunkte für Ihren persönlichen Auftritt. Man könnte sogar sagen, es entsteht eine Art Rolle für Sie. Die Rolle könnte »Ich, der Anwalt« heißen und eine auf Sie als Person maßgeschneiderte Anwaltsrolle sein. Und genau so sollten Sie die Rolle auch umsetzen. Bauen Sie sich diese Rolle auf und setzen Sie sie immer dann ein, wenn Sie Ihren persönlichen Anwalt benötigen. Er wird dann zur Stelle sein und für Sie und Ihre Interessen eintreten. Auch ein gutes Drehbuch oder ein Erfolgsroman beginnt nämlich damit, dass man erst die handelnden Figuren erschafft. Dann erst wird die Geschichte dazu geschrieben, die sich an den Charakter der Person angleicht. So werden die Geschichten authentisch, denn die handelnden Personen bleiben überzeugend und glaubwürdig. Und das ist es doch auch, was Sie verkörpern wollen: einen glaubwürdigen und authen-

Ihr Auftritt als Person

tischen Verfechter der eigenen Interessen. Schneidern Sie sich also die Rolle »Ich, der Anwalt« maß und treten dann als Ihr eigener Anwalt auf. Werden Sie Ihr eigener Anwalt! Und mit den anwaltlichen Techniken aus dem vorangegangenen Teil verfügen Sie auch inhaltlich über das Rüstzeug zum Erfolg!

Allerdings muss die Rolle »Ich, der Anwalt« auch einstudiert werden. Und sie muss auch wie eine gute Rolle geprobt werden, damit sie für die Aufführung sitzt. Solche Trainings machen auch eine Menge Spaß! Wie läuft so ein Training ab?

Checkliste

1. Passen Sie die Gesten Ihrer Person an, nicht umgekehrt.
2. Bleiben Sie authentisch.
3. Agieren Sie immer der Situation angemessen.
4. Versuchen Sie, ruhig und sachlich zu bleiben.
5. Entwickeln Sie aber aus der Ruhe eine Portion Nachdruck.
6. Strahlen Sie Souveränität durch authentische Unaufgeregtheit aus.
7. Entwerfen Sie für sich die Rolle »Ich, der Anwalt.«

In den Trainings, die ich abgehalten habe, ist der Auftritt des Schauspielers immer ein echtes Highlight. Stephen, der mir assistiert, ist ein gestandener Schauspieler, Casting Director und Camera Acting Coach. Sein Blick für Gesten und (schauspielerische) Darstellungen gilt über die Branche hinaus als legendär. So macht er den Menschen einfach vor, wie sie sich in einer Konfrontationssituation darstellen sollen. Dabei schließt er an die vorher gebaute Rolle an und trainiert die Umsetzung der individuell angepassten Gesten zur individuellen Rolle »Ich, der Anwalt«.

Die innere Kraft

Nun kommen wir an den entscheidenden Punkt. Die innere Einstellung! Die Energiequelle sozusagen, die einem die notwendige Kraft und Stärke verleiht. Für den Ausgang einer Konfrontation müssen wir nicht nur Kraft entwickeln, sondern diese Kraft auch richtig einschätzen. Die richtige Selbsteinschätzung verhindert eine falsche Entscheidung. Es ist die Entscheidung in einer Konfrontation über Angriff oder Rückzug. Eine der wichtigsten Fragen überhaupt. Um diese aber sinnvoll beantworten zu können, müssen wir uns mit der persönlichen Stärke befassen. Sie erinnern sich an Karl, den Boxer, der sich nicht traut, den Kellner nach dem einbehaltenen Trinkgeld zu fragen? Dieser Karl steht nun auch im Mittelpunkt der folgenden Geschichte.

Die innere Kraft

Mit dem Kopf durch die Wand

Karl war mit einem Bekannten auf dem hiesigen Volksfest. Beide wollten ihren freien Nachmittag nutzen, um etwas zu essen und eines der weltberühmten Biere zu trinken. Sie gingen also in ein Bierzelt und bestellten Bier und Brathähnchen. Wie es üblich ist, bezahlten die beiden im Voraus und warteten. Leider geriet der Bekannte von Karl in einen Streit mit seinem Tischnachbarn, der schon deutlich angetrunken war und deshalb beleidigend wurde und herumpöbelte. Der Bekannte versuchte, seinen Platz zu behaupten, was misslang. Auch der Angetrunkene fiel von seinem Platz auf den Boden. Dann ging alles rasend schnell. Der Sicherheitsdienst des Bierzelts brachte die beiden Streithähne sofort vor das Zelt. Karl hatte inzwischen sein Essen und sein Bier bekommen; da ihm der Begleiter abhanden gekommen war, wollte er nur schnell aufessen, sein Bier trinken und dann auch gehen. Doch dazu sollte es nicht mehr kommen. Der Sicherheitsdienst kam zurück zum Tisch und forderte Karl auf, das Zelt zu verlassen. Schließlich sei er ein Bekannter eines der beiden eben hinausgeworfenen Schläger und solche Leute brauche man nicht im Zelt. Karl sagte freundlich, er wolle nur noch schnell essen und austrinken. Dann gehe er sowieso. Schließlich hatte er Essen und Getränke bereits bezahlt. Der Sicherheitsdienst ließ nicht mit sich reden und bestand darauf, dass Karl sofort gehen sollte. Karl lehnte ab und verwies auf die bezahlte Zeche. Urplötzlich und wie aus heiterem Himmel packten die Sicherheitskräfte Karl und zerrten ihn zum Ausgang. Kurz vor dem Ausgang gelang es Karl, sich loszureißen. Er stellte einen der Sicherheitsbeamten zur Rede. »Entweder ihr gebt mir mein Geld zurück oder lasst mich weiteressen. Sonst könnt ihr was erleben!«, schrie der sichtlich erboste Karl. Sofort stürzten sich die übrigen Sicherheitsleute auf ihn und zerrten ihn wieder zum Ausgang. Karl schrie, er sei Boxer, das sollen sie sich merken. Er würde sich das nicht gefallen lassen. Er erinnerte sich an seine Geschichte mit dem Trinkgeld und wollte sich diesmal durchsetzen. Mittlerweile waren noch mehr Sicherheitskräfte gekommen, und sie begannen nun auf Karl einzuschlagen, sodass er stürzte. Einige begannen, ihn mit Füßen zu treten. Karl lag mit dem Gesicht nach unten auf dem Boden und schützte es mit den Händen. Als sie von ihm abließen, hatte er etliche Verletzungen. Selbstverständlich erstattete Karl Anzeige und es kam zu einer Gerichtsverhandlung. Karl war als Zeuge geladen und sollte aussagen, was ihm widerfahren war. Als ihn der Richter fragte, wer genau ihn denn getreten hatte, musste Karl sagen, dass er es nicht gesehen hatte, weil er mit dem Gesicht nach unten auf dem Boden lag und sich zudem die Hände schützend vor Selbiges gehalten hatte, um Schlimmeres zu verhindern. Karl war sehr erstaunt und enttäuscht, als die Täter freigesprochen wurden. Denn, so begründete der Richter, nicht einmal das Opfer selbst konnte genau sagen, wer es getreten und so verletzt habe. Deshalb müsse er nach den Grundsätzen *in dubio pro reo* (»im Zweifel für den Angeklagten«)

Die innere Kraft

alle Angeklagten freisprechen, da es ja irgendwie alle und doch auch keiner gewesen sein könne. Karl verließ geknickt und wütend den Gerichtssaal.

Die Kräfteverhältnisse einschätzen

Dieses Beispiel zeigt deutlich, dass man sich vor einer etwaigen Konfrontation Gedanken über das Kräfteverhältnis machen muss. Karl hätte die deutliche Überlegenheit der Sicherheitskräfte in körperlicher Hinsicht erkennen und folglich einen anderen Weg wählen müssen. Ein Gespräch mit dem Geschäftsführer hätte seine Interessen (Kaufpreis zurück oder fertig essen) besser gewahrt. Aber auch wenn das nicht geholfen hätte, wäre ihm noch der Weg zur Polizei offen gewesen. Seine Verletzungen und auch seine Enttäuschung hätte er sich jedenfalls erspart.

Prüfen Sie deshalb stets die Kräfteverhältnisse in einer bevorstehenden Konfrontation. Es sind aber nicht die körperlichen Kräfteverhältnisse gemeint, denn Sie suchen hier ja keine Anleitung für eine körperliche Auseinandersetzung. In verbalen Konfrontationen ist es die innere Kraft, die entscheidet. Es ist die persönliche Stärke, auf die es ankommt.

Auf den folgenden Seiten befassen wir uns mit Ihrer persönlichen Stärke. Sie lernen ihre Bedeutung und Zusammensetzung kennen. Schließlich werden Sie Ihre eigene persönliche Stärke auch berechnen, einschätzen und mit anderen vergleichen können. Das erspart Ihnen bestimmt eine Menge Schmerzen oder »blutige Nasen« – natürlich im übertragenen Sinn. Andererseits erkennen Sie auch Chancen, sich durchzusetzen, wenn Sie feststellen, dass Sie stark genug dazu sind.

Warum es sich lohnt, Stärke zu entwickeln

Ganz einfach formuliert muss es heißen: Der Erfolg steht und fällt mit der Person und nicht mit den Tricks. Wenn man noch etwas weitergehen möchte, kann man auch sagen: Der Mensch ist in einer Konflikt- und Konfrontationssituation der Schwachpunkt, aber umgekehrt auch das beste Argument.

Eventuell angewandte Rhetoriktricks und andere Kniffe sind dann bloß eine Art Handwerkszeug dieser starken Menschen. Das Handwerkszeug werden Sie sicherlich auch brauchen. Allerdings ist es unmöglich, alle Tipps und Tricks, die Sie jemals gelesen haben, genau dann auch zur Anwendung zu bringen, wenn es nötig wäre. Wie bei allem im Leben gehört auch hier etwas Übung und Erfahrung dazu. Anwälte haben diese Erfahrung, denn sie üben das in zahlreichen Verhandlungen und auch vor Gericht. Das Recht dient dabei oft nur als Wegweiser, die Ergebnisse der Verhandlungen sehen oft ganz anders aus, als es im Gesetzbuch steht oder zu stehen scheint. Vielleicht haben Sie diese Erfahrung auch schon selbst machen müssen. Recht haben und Recht bekommen sind ja seit jeher »zwei Paar Schuhe«.

Die innere Kraft

In meiner Praxis höre ich deshalb oft den Satz »das gibt doch sowieso nur einen Vergleich«. Vergleich bedeutet in der Sprache der Juristen, dass man sich irgendwo in der Mitte einigt und jede der Parteien nachgibt. Ärgerlich ist das nur, wenn Sie zu 100 Prozent im Recht zu sein scheinen. Dann kommt Ihnen ein Vergleich nicht gelegen. Aber diese Situation haben Sie nicht nur vor Gericht, bei nahezu jeder Verhandlung bzw. jedem Konfliktgespräch ist das so. Lernen Sie deshalb einfach, wie man die guten Vergleiche macht. Gute Vergleiche setzen eine starke Person voraus. Diese Stärke werden Sie demonstrieren oder auch vielleicht nur andeuten müssen, wenn Sie sich behaupten wollen. Lassen Sie mich Ihnen noch sagen, es ist nicht das Recht allein, was Stärke verleiht. Es ist die Fähigkeit, den Sachverhalt so zu gestalten, dass das Ihnen günstige Recht anwendbar ist. Und genau so arbeiten Anwälte. Ihr Handwerkszeug ist die Arbeit mit Beweisen und der Wahrheit. Ein guter Anwalt sollte in der Lage sein, die Wahrheit zu finden und entsprechend zu beweisen. Andererseits sollte er auch Angriffe abwehren können. Bloße Rhetorik oder *dirty tricks* von so manchem Kommunikationsexperten werden dann nicht mehr reichen, wenn man beginnt, den wahren Geschehnissen auf den Grund zu gehen. Mit der Wahrheit als Argument schlägt man jeden Trick. Deshalb haben Sie auf den vorangegangenen Seiten das Handwerkszeug der Anwälte kennengelernt. Sie haben gelernt, Lügen zu enttarnen, die Wahrheit zu finden und sich entsprechend zu behaupten. Die dazu nötige Stärke haben Sie in sich. Sie werden es sehen. Wer kann Ihnen etwas anhaben, wenn Sie es verstehen, Bluffs und Tricks zu enttarnen? Diese Fähigkeit ist ein wichtiger Baustein auf dem Weg zur persönlichen Stärke.

Sind Sie stark genug?

Die persönliche Stärke! Sie ist in meinen Augen das A und O bei der Selbstbehauptung. In zahlreichen Prozessen habe ich schon Anwälte erlebt, die keine persönliche Stärke hatten. Es war sehr schnell zu erkennen, dass man es vielleicht mit einem Juristen, aber sicher nicht mit einem Anwalt zu tun hatte. Ein feiner, aber sehr wesentlicher Unterschied. Es reicht eben nicht, nur die Gesetze, deren Anwendung und die neuesten Urteile zu kennen, wenn man Interessen erfolgreich vertreten möchte. Ohne persönliche Stärke des Anwalts wird es nicht zum erwünschten Ergebnis kommen. Die Juristerei allein wird scheitern.

An dieser Stelle möchte ich Ihnen gern eine Geschichte erzählen, die ich erlebt habe, während ich im Gerichtssaal wartete. Als Anwalt muss man oft warten. Die Wartezeit verbringt man aber in der Regel damit, sich auf die Zuhörerbank zu setzen und – wenn man keinen allzu schweren Fall hat – sich von den Künsten der Kollegen und Kolleginnen unterhalten zu lassen. Nun saß ich also in der ersten Reihe und faltete meine Robe, um sie beim folgenden Einsatz schneller zur Hand zu haben. In der Verhandlung, deren Zuhörer ich war, ging es um eine Geldforderung und

Die innere Kraft

deren Bezahlung. Als ich so meine Robe in den Fingern hatte, merkte ich, dass etwas in der laufenden Verhandlung nicht stimmte. Die Luft war zum Schneiden, einer der beiden Anwälte hatte seine Augen zu Schlitzen verengt und wedelte angriffslustig mit seinen Papieren in der Luft herum. Neben ihm saß sein Mandant und genoss den Auftritt. Er wirkte sogar etwas erhaben, als wolle er sagen: »Schaut alle her, was ich mir für einen Anwalt leisten kann.« Auf der anderen Seite kauerte ein anderer Anwalt. Er hatte den Kopf gesenkt und versuchte immer wieder etwas zu sagen. Aber sobald er ansetzte, wurde er sofort von seinem Kollegen unterbrochen. Mal sagte er: »Das müssen Sie erst mal beweisen«, dann einfach nur: »Das ist doch erfunden.« Argumente in der Sache brachte er nicht vor. Irgendwann hatte der Richter Mitleid mit dem armen Kollegen und bat darum, den mittlerweile mit gesenktem Haupt am Tisch sitzenden Anwalt hören zu dürfen. Der Aggressive schwieg nun, fixierte aber den gegnerischen Anwalt mit einem funkelnden Blick, in dem schon etwas Triumph mitschwang. Er wusste bereits, dass er gewonnen hatte. Das dachten übrigens alle im Saal. Der geduckte Kollege erörterte die Rechtslage, zitierte Passagen aus Urteilen und begründete ruhig und sauber seine Ansicht. Ich war an dieser Stelle sehr erstaunt, denn was er sagte, hatte Hand und Fuß. Es war durchdacht und logisch aufgebaut. Rein rechtlich hatte er alle Trümpfe in der Hand. Der Richter nickte anerkennend und wandte seinen Blick in Richtung des Aggressiven. Der fing sofort an zu sprechen und drohte, er werde das Urteil dieses Gerichts nicht anerkennen. Und, fügte er an, in den langen Jahren bis zum Urteil der nächsten Instanz werde er schon zeigen, dass alles nur ein Irrtum sei. Und dann holte er – wie sich später zeigte – zum entscheidenden Schlag aus. Er habe seinem Mandanten geraten, lediglich ein Drittel der Forderung der Gegenseite anzuerkennen. Mehr sei in keinem Fall drin. Ich erinnerte mich an die Argumente des anderen Anwalts. Aus rein rechtlicher Sicht hätte die Forderung ganz erfüllt werden müssen. Ich wartete nun gespannt, was passieren würde. Und so ging es dem ganzen Saal. Alle starrten zu dem mittlerweile sehr nervös mit dem Bein wippenden Anwalt. Was würde er machen? Und dann geschah das Merkwürdige: Der Mandant des Ruhigen meldet sich zu Wort. »Ich nehme das Drittel an«, sagte er und würdigte seinen Anwalt keines Blickes. Der Richter ließ sich die Ernsthaftigkeit dieser Aussage nochmals bestätigen und der Aggressive nickte schon eifrig. Die Sache wurde also zu einem Drittel abgeschlossen. Ich war ehrlich gesagt erstaunt und empört. Nachdem ich meinen Termin hinter mich gebracht hatte, ging ich in die Gerichtskantine. Als ich mir einen Platz suchte, sah ich den Mandanten der vorangegangenen Verhandlung dort sitzen. Er trank eine Tasse Kaffee. Da die Kantine an diesem Tag sehr voll war, hatte ich keine andere Wahl, als mich zu ihm an den Tisch zu setzen. Ich sprach nichts, sondern begann mein Essen zu genießen. So wie er aussah, benötigte er Ruhe. Doch plötzlich sprach er mich an. »Sie waren doch auch in mei-

Die eigene Stärke als Schlüssel

ner Verhandlung«, sagte er zwischen zwei Schlucken Kaffee. »Ich habe Sie in der ersten Reihe sitzen sehen.« Das bestätigte ich. Er begann mir dann ausführlich von seinem Fall zu erzählen und wie er den Glauben an die Gerechtigkeit verloren habe. Irgendwann fragte ich ihn, warum er sich denn über die fehlende Gerechtigkeit beschwere. Er war es doch, der das schlechte Angebot angenommen hatte, obwohl die rechtlichen Argumente für ihn gesprochen hätten. An dieser Stelle setzte er die Tasse ab und schaute mir zum ersten Mal frontal in die Augen. »Ach, wissen Sie, ich habe es meinem Anwalt einfach nicht mehr zugetraut. Da habe ich aus dem Bauch heraus die Reißleine gezogen.« Er schien auch wirklich erleichtert über seine Entscheidung gewesen zu sein. Seit diesem Tag weiß er, dass eigene Stärke der Schlüssel zur Selbstbehauptung ist.

Die eigene Stärke als Schlüssel

Ohne eigene Stärke und nur mit Tricks und Bluffs ausgestattet wird es schwer, dauerhaft seine Position zu behaupten. Der erste Schritt zur erfolgreichen Konfliktbehauptung ist meiner Meinung nach der Blick auf sich selbst, auch wenn das vielen Menschen schwerfällt. Erkunden Sie sich also selbst und bestimmen Sie den Grad Ihrer persönlichen Stärke. Sie ist die Basis, auf die später die Erfolgsstrategie aufbaut. Wahrscheinlich werden Sie gar nicht lange suchen müssen, denn ich bin mir sicher, Sie kennen Ihre persönliche Stärke sehr gut. Wahrscheinlich werden Sie auch Ihre persönlichen Schwächen kennen.

Bevor wir uns nun mit der persönlichen Stärke beschäftigen, müssen wir die Rolle der persönlichen Schwächen beleuchten. Was machen wir eigentlich mit unseren (vielleicht auch nur gefühlten) Schwachstellen im Konfliktfall? Die Lösung ist ebenso einfach wie naheliegend. Sie erinnern sich noch an den Vergleich der Streitkultur mit einem Spielfeld. Ich möchte Ihnen anhand dieses Vergleichs zeigen, was wir am besten mit den persönlichen Schwächen machen. Wir lassen die Schwächen auf unserem Spielfeld gar nicht mitspielen, denn dann kann auch nichts passieren. Oder haben Sie vielleicht schon mal von einem Fußballspiel gehört, das wegen eines Spielers verloren wurde, der gar nicht mitspielte, weil er auf der Ersatzbank saß? Genau deshalb setzen wir unsere Schwächen im Konfliktfall einfach auf die Ersatzbank oder auf die Tribüne. Wir spielen nämlich nur mit unseren Stärken!

Nun, da wir unsere Schwächen – die wir ja alle zum Glück auch haben, sonst wären wir nicht mehr menschlich – vom Spielfeld geschickt haben, stellen wir unsere Mannschaft aus den Stärken auf. Aber welche Stärke soll auf welcher Position spielen? Hier muss ich wieder auf einen Vergleich aus dem Sport zurückgreifen, denn so kann man den mir wichtigen Punkt sehr schön erkennen.

Nehmen wir einmal an, Sie sind Trainer einer Fußball-

Die eigene Stärke als Schlüssel

mannschaft und haben mehr offensive als defensive Spieler zu Verfügung. Welche Taktik würden Sie spielen? Natürlich würden Sie die Mannschaft anhand der Stärken offensiv ausrichten und versuchen, die Schwäche der Defensive durch eine gute Offensive auszugleichen. Denn am Ende gewinnt doch, wer mindestens ein Tor mehr schießt als der Gegner. Und ob das Spiel 5:4 oder 4:0 ausgeht, ist bei der Frage nach Sieg oder Niederlage nicht wichtig. Wichtig ist, Sie gewinnen einfach. Im Umkehrschluss bedeutet das, dass Sie bei einer Mannschaft mit mehr defensiven Spielern eher defensiv zu Werke gehen und dann eben einen 1:0 Sieg anpeilen. Gewonnen haben Sie immer, wenn die jeweilige Taktik aufgeht, und das ist doch entscheidend.

Der Unterschied der jeweiligen Taktik ist die Anpassung an die jeweiligen Stärken. Spielen Sie offensiv oder defensiv, das hängt allein von den Stärken des Teams ab. Und das Team sind in diesem Fall Ihre individuellen Stärken, die für die nötige Schlagkraft sorgen. Also finden Sie Ihre Stärken und bauen Sie Ihr Siegerteam auf!

Die Formel der persönlichen Stärke

Was ist eigentlich persönliche Stärke und woraus setzt sie sich zusammen? Ich möchte Ihnen den Begriff so erklären, wie ich ihn sehe: Persönliche Stärke ist der Schlüssel zur Selbstbehauptung. Sie hilft nicht nur, Konfliktsituationen durchzustehen, sie gibt auch einen zuverlässigen Blick auf die Erfolgsaussichten der Konfrontation. Denn

So setzen Sie die anwaltlichen Techniken um

auch die persönliche Stärke des Kontrahenten ist ein wichtiger Faktor im Hinblick auf die Selbstbehauptung. Es kann entscheidend sein, die Stärke des Kontrahenten zu kennen und seine eigene Vorgehensweise entsprechend anzupassen. Spionage und Spionageabwehr ist ja seit jeher ein großes Thema, wenn es um Auseinandersetzungen zwischen Ländern geht. Damit versuchen die jeweiligen Länder im Wesentlichen, die gegnerische Stärke herauszufinden. Diese Information war oft schon im wahrsten Sinnen des Wortes »kriegsentscheidend«. Auch wenn Kriege eine nicht hinnehmbare Variante des Meinungsaustausches sind, so kann man aus Ihnen doch viel lernen. Denn Kriege werden von Menschen geführt und lassen deshalb einen Rückschluss auf menschliches Konfliktverhalten zu. Der berühmte Feldherr Carl von Clausewitz hat in seinem Buch *Vom Kriege* geschrieben: »Krieg ist also ein Akt der Gewalt, um den Gegner zur Erfüllung unseres Willens zu zwingen.« Wenn Sie sich diese Definition genau ansehen, werden Sie sicher auch merken, dass eigentlich jeder zwischenmenschliche Konflikt die Grundidee eines Krieges in sich trägt. Und Sie werden sich bestimmt an Konfrontationssituationen erinnern, in denen Sie das auch selbst erlebt haben. Wie aber kann man die persönliche Stärke nun bestimmen, um sowohl sich als auch die Position des Kontrahenten besser einordnen zu können? Am besten kann man das anhand einer kleinen Formel sehen. Nennen wir es die Formel der persönlichen Stärke:

Die eigene Stärke als Schlüssel

(Fähigkeit + Respekt vor sich + Disziplin) x
Glaube an sich = Persönliche Stärke

Aus der Schulzeit wissen wir, dass Formeln allein nicht immer hilfreich sind. Lassen Sie mich diese Formel also kurz erläutern. Dabei werde ich Ihnen die einzelnen Begriffe oder Parameter in der Reihenfolge der Formel nach näherbringen. Ich erkläre Ihnen die Begriffe, wie ich sie sehe und wie ich sie in der Praxis erlebt habe. Diese Bezeichnungen sind somit von mir gewählte Statthalter der in Konfrontationen auftretenden Kräfte. Sie sind durch andere ersetzbar, aber die zugrundeliegende Kraft in ihrer Wirkung ist das eigentlich Entscheidende und Konstante. Das Zusammenspiel der Größen ergibt die Formel und letztendlich als Ergebnis die persönliche Stärke. Einzelne Komponenten können dagegen nur wenig bewirken.

Fähigkeit

In der Formel bedeutet Fähigkeit, die Argumente der Gegenseite zu überprüfen und den eigenen Standpunkt gut auszubreiten. Hierzu zähle ich Rhetorik, Taktik und die Fähigkeit, Lügen und Bluffs zu enttarnen. Diese Fähigkeiten braucht man in jedem Konflikt.
Lügen zu enttarnen und die Wahrheit auf den Tisch zu bringen ist eine große Stärke. Sie werden sich deutlich stärker und damit besser fühlen, wenn Sie diese Fähigkeit erlernt haben. Und Sie werden es auch sein, denn diese Fähigkeit ist Gold wert. Die Wahrheit aufzudecken ist oft

entwaffnend für Ihren Kontrahenten, denn meist sind Lügen die eigentlichen Waffen. Im beruflichen Alltag werden Lügen leider sehr häufig eingesetzt. Es ist in der heutigen Zeit schwer, jemanden zu finden, der einen Fehler oder eine Verfehlung zugibt. Auch im alltäglichen Leben muss man oft durch den Lügendschungel hindurch, um sich zu behaupten.

Das Aufdecken der Lügen ist eine sehr effektive Waffe, wenn nicht sogar die effektivste. Aber auch andere Fähigkeiten wie sprachliches Geschick und dergleichen sind Fähigkeiten, die Sie weiterbringen.

Respekt
Schauen wir aber wieder auf die Formel: Zur Komponente Fähigkeit addiert sich der Respekt. Respekt gibt es in zwei Richtungen: Respekt vor sich selbst und Respekt anderen gegenüber. Im Sinne der Formel ist Respekt vor sich selbst gemeint. Denn wer sich selbst nicht respektiert, den respektiert in der Regel auch kein anderer. Es bedarf keiner umfangreichen Ausführungen darüber, dass fehlender Respekt sicher keine förderliche Komponente bei Konflikt- oder Krisensituationen ist. Oft schon waren Respektlosigkeiten oder auch schlichte Beleidigungen Auslöser heftiger Konfrontationen oder Verletzungen, die dann zu erbitterten Feindschaften geführt haben.

Bedenken Sie: Es ist der Respekt vor sich selbst, den auch andere Menschen spüren und der sie veranlasst, Sie entsprechend respektvoll zu behandeln.

Disziplin

Hinzu kommt in unserer Formel noch eine ordentliche Portion Disziplin. Ich verstehe Disziplin im Sinne der Formel als Selbstdisziplin. Es ist wichtig, dass Sie sich selbst gehorchen, wenn Sie Ihre Interessen vertreten. Disziplin, die Sie Ihrer eigenen Person entgegenbringen, nimmt Ihnen die Zweifel. Disziplin verhindert, dass Sie sich selbst dauernd hinterfragen und somit lähmen. Verstehen Sie mich bitte nicht falsch. Ich möchte Ihnen nicht anraten, sich nicht zu hinterfragen. Das wäre sicherlich falsch. Hinterfragen ist notwendig, um einen Überblick über die eigenen Fähigkeiten zu bekommen. Ich meine damit ein bei vielen Menschen aus Selbstzweifeln kommendes Sich-selbst-Zerfleischen. Solche Menschen hinterfragen nicht nur die notwendigen Dinge in der Sache, sie hinterfragen sich als Person. Und genau das sollten Sie nicht machen. Akzeptieren Sie sich als Person und hinterfragen Sie die Ziele. Disziplin unterstützt Sie als technisches Hilfsmittel, den Weg zu bereiten. Disziplin hilft, den einmal getroffenen Entschluss, sich zu behaupten, durchzuhalten und nicht auf halber Strecke umzudrehen. Das alte Sprichwort sagt, jede lange Reise beginnt mit dem ersten Schritt. Das ist unbestritten richtig. Aber denken Sie auch an die folgenden Schritte, die Sie ans Ziel bringen. Diese folgenden Schritte werden manchmal schwerer und schwerer. Genau dann wird Ihnen Disziplin helfen, den eingeschlagenen Weg durchzuhalten und bis zum Ende zu gehen. Disziplin ist dann Ihr treuester Begleiter.

Die drei Komponenten haben nun eine Grundlage geschaffen und befinden sich bei der Formel in Klammern. Sie stehen in einem Zusammenspiel mit der Komponente hinter der Klammer, dem Glauben an sich selbst. Das kann man am besten wieder anhand eines kleinen Bildes verdeutlichen: Wir nehmen die drei in der Klammer stehenden Komponenten Fähigkeit, Disziplin und Respekt und betrachten sie als eine Art Baustoff, der sich Ihren Wünschen und Bedürfnissen anpasst. Damit bauen Sie sich nun im übertragenen Sinne eine Art Fahrzeug. Dieses Fahrzeug wird Sie ans Ziel bringen. Angetrieben wird dieses Fahrzeug von einem besonderen Treibstoff. Dieser Treibstoff ist der Glaube an sich selbst. Deshalb steht der Glaube an sich selbst auch im mathematischen Sinne außerhalb der Klammer und multipliziert somit die anderen Komponenten. Und wenn dieser Multiplikator null ist, dann ist das Ergebnis ebenfalls null. Null steht selbstverständlich nicht für Erfolg! Oder auf das Bild mit dem Fahrzeug zurückzukommen: Ohne Treibstoff fährt auch das technisch beste und neueste Fahrzeug keinen Millimeter weit. Deshalb machen Sie es wie an der Tankstelle: Einmal volltanken, bitte!

Glaube an sich

Sie haben nun schon einiges über den Glauben an sich selbst gelesen. Sie fragen sich nun zu Recht, was damit gemeint ist, was er im Sinne der Formel bedeutet. Der Glaube an sich selbst ist eine unerschütterliche Festung,

Die eigene Stärke als Schlüssel

die Ihnen gegen alle Angriffe Schutz bietet und gleichzeitig Ihr persönliches Fahrzeug auf dem Weg ans Ziel antreibt. Diese Doppelfunktion macht ihn so wertvoll.
Wenn Sie sich nicht trauen, die Wahrheit auszusprechen, werden Ihnen Fähigkeit und Respekt nicht viel nutzen. Sie werden einen starken Glauben an sich selbst entwickeln müssen, um die Phasen des Gegenwinds, die der ausgesprochenen Wahrheit folgen, zu meistern. In der Regel werden sich die enttarnten Lügner oder die Menschen, gegen deren Interessen Sie sich durchsetzen, vehement wehren und Druck auf Sie ausüben. Diese Menschen fürchten nichts so sehr wie die Enttarnung ihrer Lügen. Deshalb werden Lügner in solchen Situationen anfangen, den Druck auf Sie persönlich zu erhöhen. Druckerhöhung ist ja eigentlich eine normale Angelegenheit in Konflikten, nur bei Lügnern kommt eine kleine, aber unangenehme Eigenheit hinzu: Lügner kämpfen unfair und werden noch tiefer in die Trickkiste greifen. Diesen zusätzlichen Druck bauen sie in der Regel durch Einbeziehung von unbeteiligten Personen auf. Um das zu erläutern, darf ich Ihnen eine kleine Taktikanalyse eines imaginären Lügners geben. Nehmen wir also an, ein Lügner stünde kurz vor seiner Enttarnung. Und gehen wir weiter davon aus, es handele sich um einen geschickten Lügner in sogar einflussreicher Position. Bereits diese Konstellation wird Ihnen einen starken Glauben an sich selbst abverlangen. Dieser Lügner fürchtet nun um Ansehen und Position. Was wird er machen? Er wird das Umfeld oder auch die Öffentlichkeit

einbeziehen, um dort seine Lüge als Wahrheit zu etablieren. Die Öffentlichkeit ist es dann, die Druck auf Sie durch die Forderung nach Nachweis der Lüge ausübt. Sie geraten also in eine Drucksituation und müssen in die Offensive. Nachteilig ist dabei, dass die hohe Position Ihres Widersachers eine erhöhte Nachweispflicht auslöst. Schließlich geht mit der Position Ihres Kontrahenten Vertrauen bei der Öffentlichkeit einher. Dieses Vertrauen wird er nun in die Waagschale werfen. Dazu möchte ich das folgende berühmte Fallbeispiel anführen: Der ehemalige Präsident der Vereinigten Staaten, Bill Clinton, hatte eine Affäre mit einer Praktikantin namens Monika Lewinsky. Diese erlangte dadurch weltweite Bekanntheit. Bald hatten die Medien davon Wind bekommen. Die Geschichte wurde veröffentlicht und Bill Clinton war gezwungen, sich dazu zu äußern. Er tat dies in einer Pressekonferenz mit den mittlerweile berühmten Worten: »Jetzt muss ich zu meiner Arbeit an der Regierungserklärung zurückkehren. Ich habe gestern bis spät in die Nacht daran gearbeitet. Aber ich möchte dem amerikanischen Volk eines sagen. Ich möchte, dass Sie mir zuhören. Ich werde es erneut sagen. Ich hatte keine sexuelle Beziehung mit dieser Frau, Miss Lewinsky. Ich habe niemandem gesagt, dass er lügen soll, nicht ein einziges Mal, niemals. Diese Anschuldigungen sind falsch. Und ich muss zu meiner Arbeit für das amerikanische Volk zurückkehren. Danke.«
Wir alle wissen heute, dass das gelogen war. Das Beispiel zeigt uns aber die Vorgehensweise ertappter Lügner sehr

Die eigene Stärke als Schlüssel

eindrucksvoll. Sie versuchen in der Öffentlichkeit so viel Bonus zu erhalten, dass der eigentlichen Wahrheit nicht mehr geglaubt wird. Dies erschwert es, die Wahrheit ans Licht zu bringen. Damit das dennoch gelingt, ist ein starker Glaube an sich selbst der wesentliche Faktor. Er gibt die Kraft, auch gegen Widerstände durchzuhalten und den Weg zu Ende zu gehen. Ohne Glauben an sich selbst werden Sie es sehr viel schwerer haben.

Aber vergessen Sie bitte nicht: Wenn Sie die Wahrheit aussprechen, sollte dies in einer Form geschehen, die respektvoll ist und Ihnen Respekt einbringt.

Sie sehen also, wie wichtig der Glaube an sich selbst ist. Er ist entscheidend. Zwar geht es ohne die anderen Faktoren Respekt, Disziplin und Fähigkeit auch nicht, aber der Glaube an sich selbst dominiert die Gleichung aufgrund seiner Multiplikatorenfunktion. Er ist der Faktor, der alles zum Scheitern oder auch zum Erfolg bringen kann.

Wie finde ich meine Stärken heraus?

Diese Frage wird an dieser Stelle immer wieder gestellt. Ich bin mir sicher, die meisten kennen ihre Stärken (und auch Schwächen) ganz genau und denken, diese Stelle übergehen zu können. Das wäre jedoch sehr leichtsinnig, denn vielleicht haben Sie ja die eine oder andere Stärke einfach übersehen. Oder Sie gestehen es sich nur nicht zu, dass Sie genau diese Stärke haben. Dazu möchte ich Ihnen eine kleine Geschichte erzählen. Eine Geschichte, die Ihnen die

Wichtigkeit der Kenntnis der eigenen Stärken vor Augen führen soll.

Ein guter Freund von mir studierte Betriebswirtschaft und machte anschließend eine Ausbildung zum Steuerberater. Er bestand die Prüfung, die ja zu den schwersten Prüfungen in Deutschland zählt. Danach sammelte er erste Erfahrungen in einer weltweit agierenden Steuerberater- und Wirtschaftsprüferkanzlei. Nach einiger Zeit übernahm er die eingeführte und höchst profitable Kanzlei seines Vaters. So ein Glückspilz, haben viele gedacht, und vielleicht fragen Sie sich auch gerade, warum ich Ihnen diese Geschichte erzähle und was es mit den eigenen Stärken zu tun hat. Die Geschichte geht noch weiter. Dieser Freund hatte die Gabe, viele Dinge – fast wie ein Prophet – früher als andere zu sehen. Er hat dann angefangen, die Kanzlei zu verändern und sein Geschäft geführt, wie er es wollte und auch für richtig befand. Er begann fortan seine Prognosen – die treffend waren – in seine tägliche Arbeit einzubauen. Doch seine Kunden wollten das zum größten Teil einfach nicht hören. Die Kunden wollten nur Zahlen und Abschlüsse, aber keine Prognosen. Und wenn er Schlechtes prophezeite, dann wurde das von vielen als Angriff auf ihre persönliche Leistung gesehen. Sagte er Gutes, wurde er ein Spinner oder Fantast genannt. Die Folge war, dass seine Kunden sich von ihm abwandten und die Kanzlei wechselten. Die Mitarbeiterzahl sank, die einst blühende Kanzlei schien dem Untergang geweiht. Mein Freund hat aber weitergemacht und seinen Weg fortgesetzt. Nach eini-

Die eigene Stärke als Schlüssel

ger Zeit begann ein wahrer Run auf die Kanzlei von Leuten, die genau diese Prognosen wollten. Heute steht er besser da, als es je vorstellbar gewesen wäre. Vielleicht sehen Sie jetzt schon, was ich Ihnen sagen möchte. Dieser Freund hat etwas so verändert, wie er es wollte. Seine Kunden haben ihm aber zu verstehen gegeben, dass sie das nicht für richtig halten. Das ist eine Situation, wie sie für jede Konfrontation oder jeden Konflikt typisch ist. Es gibt gegensätzliche Interessen und es entsteht Druck auf die eigene Position. Es sah sogar so aus, dass mein Freund die Kanzlei verlieren würde, wenn er seinen Weg weitergehen würde. Er wollte diese Kanzlei in der ursprünglichen Form aber nicht, sondern ihm waren die Prognosen wichtig. Also machte er weiter und verbesserte seine Prognosen sogar noch. Und er machte sie zudem umfangreicher. Dabei glaubte er stets an sich und seinen Weg. Letztendlich kommen heute mehr Menschen zu ihm als früher. Nun betreut er nur noch die Kunden, die sich auch für die Zukunft interessieren.

Wenn Sie sich jetzt fragen, was seine eigentliche Stärke ist: Es ist nicht die Fähigkeit, Zukunftsprognosen abzugeben, es ist der Glaube an sich selbst. Er hat während des Umbruchs mit viel Gegenwind zu kämpfen gehabt, aber er hat durchgehalten. Er hat deshalb durchgehalten, weil er an sich selbst geglaubt hat. Der Glaube an sich selbst ist es, der jemanden durch schwierige Situationen bringt. Aus ihm entsteht die Kraft, die notwendig ist, um nicht zu resignieren oder aufzugeben. Aus dem Glauben an sich selbst entsteht die Kraft des Erfolgs.

Test: Persönliche Stärke

Im Leben eines anderen kann man das leichter sehen als im eigenen. Da sind wir doch alle ein bisschen »betriebsblind«. Um eine solche Betriebsblindheit in Ihrem Leben zu vermeiden, sollten Sie nach Ihren Stärken forschen.
Nehmen Sie einfach die nachfolgenden Fragen und beantworten Sie diese für Ihr eigenes Leben und Ihre eigene Person. Die Antworten auf die Fragen werden Ihnen Aufschluss über Ihre persönliche Stärke geben.

Fragebogen
- Wie sehen Sie und/oder Ihre Freunde/Familie Ihre Talente und Fähigkeiten?
- Was sind Ihre größten beruflichen Erfolge und Meilensteine auf dem Lebensweg?
- Haben Sie Brüche, fundamentale Wendungen und Entscheidungen in Ihrem bisherigen Leben, die Sie geprägt haben?
- Wie aktiv und engagiert gehen Sie Ihren Hobbys und Leidenschaften nach?
- Haben Sie eine Lieblingssportart (aktiv und passiv)?

Die eigene Stärke als Schlüssel

- Welchen Traum haben Sie?
- Was treibt Sie in Ihrem beruflichen und privaten Handeln an?
- Was bewundern Sie an anderen Menschen?
- Wie haben Sie sich gefühlt und wie haben Sie reagiert, wenn Sie beim Überschreiten einer Grenze oder »Mist bauen« erwischt wurden?
- Was waren Ihre fröhlichsten bzw. traurigsten Momente?
- Wie gehen Sie vor, wenn Sie eine große Herausforderung meistern müssen?
- Was macht Sie in Ihren Augen besonders?
- Was bemerken andere Menschen an Ihnen zuerst? Gemeint sind keine Äußerlichkeiten.
- Was machen Sie, wenn Sie etwas nicht bekommen, was Sie aber eigentlich wollen?

Stellen Sie sich einfach diese Fragen und schreiben Sie die Antworten auf. Wenn Ihnen bei der einen oder anderen Frage mehrere Antworten in den Sinn kommen und Sie sich nicht entscheiden können, welche die wichtigste ist, dann schreiben Sie ruhig mehrere auf.

So, nun kommt der große Augenblick der Bestimmung des eigenen Kalibers. Wir werden nun die vier Parameter der Formel Fähigkeit, Disziplin, Respekt vor sich selbst und Glaube an sich selbst bestimmen. Sie können die Werte dann in die Formel einsetzen und sehen Ihre persönliche Stärke.

Jede Antwort, die Sie auf die verschiedenen Fragen notiert haben, klopfen Sie nun auf die vier Größen aus der Formel ab. Bewerten Sie bei jeder einzelnen Antwort mit einer Skala von 1 bis 10, wobei auch Halbschritte wie z.B. 7,5 möglich sind,

– wie stark der Anteil an »Fähigkeit« darin zu finden ist,
– wie stark der Anteil »Respekt vor sich selbst« darin zu finden ist,
– wie stark der Anteil »Disziplin« darin zu finden ist, und schließlich
– wie stark der Anteil »Glaube an sich selbst« darin zu finden ist.

Ist ein Merkmal stärker ausgeprägt, dann nehmen Sie einen Wert zwischen 7 und 10, ist es dagegen schwächer ausgeprägt, dann nehmen Sie einen Wert zwischen 1 und 3. Ergibt die Auswertung einen mittlere Stärke, setzen Sie einfach einen Wert zwischen 4 und 6 ein. Wenn ein Parameter dagegen gar nicht aufzufinden ist, dann sollten Sie den Wert null ansetzen. Innerhalb der jeweiligen Bandbreite der einzelnen Bereiche sollten Sie eine Unterteilung nach Ihrem persönlichen Bauchgefühl vornehmen. Sie können also letztendlich die Festlegung der Werte selbst vorneh-

Die eigene Stärke als Schlüssel

men. An der Bestimmung Ihrer persönlichen Stärke ändert das nichts.

Wenn Sie die Antworten auf die Fragen anschauen, sind das dann vor allem berufliche Momente oder wichtige Augenblicke aus Ihrem Privatleben? Ragt etwas ganz besonders heraus, etwa ein beruflicher Erfolg oder vielleicht die Geburt eines Kindes oder Ihre Hochzeit? Oder haben Sie einem Moment aus Ihrem sportlichen Wirken aufgeschrieben? Prima, dann haben Sie genau die Momente getroffen, die die meisten aller Menschen aufschreiben würden. Aber sind dort auch Momente dabei, die einen Sieg nach einer Konfrontation abbilden? Kommen wir nun zurück zu Ihren Antworten. Was bedeuten diese Antworten für die Formel?

Überwiegen berufliche Momente und Aussagen, dann werden Sie vermutlich mit vielen Fähigkeiten gesegnet sein und Disziplin haben. Lassen sich die beruflichen Momente so charakterisieren, dass sie durch harte Arbeit und langen Atem gekennzeichnet sind? Sehr gut, dann notieren Sie sich einen hohen Wert bei Disziplin. Wenn Sie z. B. den Abschluss eines Abendstudiums neben dem Beruf über eine Dauer von drei Jahren als besonderen Moment vermerkt haben, dann sollten Sie sich bei Disziplin einen Wert von mindestens 8 geben. Denn Sie haben wahrlich schon Disziplin bewiesen. Gleichzeitig können Sie sich aber auch einen hohen Wert bei Fähigkeiten geben, denn Sie haben sich auch viel Wissen im dem Abendstudium angeeignet.

Als kleine Faustformel können Sie immer dann einen hohen Wert bei Respekt vor sich selbst annehmen, wenn Sie sich gegen Widerstände aller Art durchgesetzt haben. Diese Widerstände müssen sogar nicht einmal konfrontativer Natur gewesen sein, es reicht, wenn Sie einen schwierigen oder schweren Weg gehen mussten.

Haben Sie einen Moment aufgeschrieben, in dem Sie es sich und der Welt mal so richtig gezeigt haben? Haben Sie vielleicht etwas geschafft, was Ihnen niemand zugetraut hat? Gratuliere, dann setzen Sie sich einen hohen Wert bei Respekt vor sich selbst. Wahrscheinlich haben Sie auch sehr an sich geglaubt, deshalb sollten Sie sich auch einen mittleren Wert beim Parameter Glaube an sich selbst geben. Ja, Sie haben richtig gelesen: einen mittleren Wert! Warum kann ich mir denn keinen hohen Wert geben, werden Sie sich jetzt vermutlich fragen. Eine gute Frage! Ich möchte Sie Ihnen auch gleich beantworten, denn sie ist eine wichtige Frage.

Aber ich möchte die Frage umformulieren. Wann kann ich mir einen hohen Wert geben? Lassen Sie mich das kurz erklären.

Die Formel der persönlichen Stärke geht von Konfrontationssituationen aus. Sie soll Ihre persönliche Stärke für die Situationen bestimmen, in denen Sie sich für Ihre eigene Gerechtigkeit einsetzen und durchsetzen (müssen). Der Glaube an sich selbst ist in solchen Situationen extrem entscheidend, er unterscheidet sich aber vom Glauben an sich selbst in anderen Lebenssituationen, wie z. B. vor einer

Die eigene Stärke als Schlüssel

schweren Prüfung. In Prüfungssituationen müssen Sie sicherlich eine schwere Hürde überwinden, die Hürde ist aber vorher festgelegt und richtet sich nicht gegen Sie, sondern in diesem Fall nur auf Überprüfung Ihrer Leistungen und Leistungsfähigkeit.

In Konfrontationssituationen richtet sich der Druck im Wesentlichen gegen Sie als Person. Es geht nicht um vorbestimmte Leistungsabfragen, sondern es geht darum, wer sich durchsetzt. Der Druck, dem Sie ausgesetzt sind, ist also zielgerichtet auf Sie und Ihre konkrete Situation. Mit anderen Worten: Sie sind einem größeren Druck ausgesetzt! Dieser Druck unterscheidet sich enorm vom »normalen« Druck in anderen Situationen, sodass man dies bei der Bestimmung der Parameter berücksichtigen muss. Einen hohen Wert bei »Glaube an sich selbst« sollten Sie nur dann einsetzen, wenn Sie eine Konfrontationssituation durchgestanden haben.

Die persönliche Stärke berechnen

Nehmen Sie sich die notwendige Zeit und bewerten Sie eine Antwort um die andere nach dem gezeigten Muster. Bestimmen Sie die Werte und setzen Sie sie in die Formel ein. Achten Sie darauf: Bewerten Sie jede Antwort einzeln mit Formelgrößen im Bewertungsrahmen von 1 bis 10. Dann erhalten Sie jeweils einen Wert, der Ihre persönliche Stärke zeigt.

Schauen wir uns das am besten an einem Beispiel an.

Michael ist ein stattlicher Mann mittleren Alters und Prokurist eines mittelständischen Unternehmens mit etwa 100 Mitarbeitern. Diese Position hat er sich durch harte Arbeit in seiner 22-jährigen Betriebszugehörigkeit erarbeitet, wobei er nach seiner Lehrzeit wirklich »unten« angefangen hatte. Auch hat er in der langen Zeit ein profundes Fachwissen erlangt und er kennt die Betriebsabläufe genau. Allerdings wurde er nie so richtig geschätzt in der Firma, was vielleicht auch daran lag, dass er ein ruhiges Wesen hat. Diese (vermeintliche) mangelnde Wertschätzung hat ihn in letzter Zeit oft unsicher in seinen betrieblichen Entscheidungen gemacht. Und wie es so oft vorkommt, hat ein Kollege »ein Auge auf Michaels Position geworfen«. Verständlicherweise hat Michael aber seine Position nicht geräumt. Das war nun der Beginn eines Mobbings mit dem klaren Ziel, Michael zu verdrängen. So kamen plötzlich Gerüchte in Umlauf, Michael wäre an der neuen Empfangsdame interessiert oder er hätte sich im Wettbüro »verzockt«. E-Mails gingen spurlos verloren usw. Michael kam nun an einen Punkt, an dem er sich das nicht länger gefallen lassen konnte, denn sein Job geriet in Gefahr. Er fragte sich also, ob er stark genug wäre, den »Übeltäter« abzuwehren, denn bisher blieb er tatenlos. An dieser Stelle blickte er auf die Formel der persönlichen Stärke. Da er ein enormes Fach- und auch Betriebswissen hatte, gab er sich bei den Fähigkeiten eine glatte 10. Auch seine harte Arbeit, die seinen Aufstieg bedingte, war ihm eine glatte 10 beim Punkt Disziplin wert. Und nun kommen wir an den Punkt, an

Die eigene Stärke als Schlüssel

dem er leider feststellen musste, dass er in seinen Entscheidungen unsicher geworden war. Er traute sich fast keine eigene Entscheidung mehr zu, denn er hatte Angst, dass sie falsch sein könnte. So rückversicherte er sich ständig, wenn er zu entscheiden hatte. Darunter litt nicht nur sein Arbeitstempo, auch seine eigene Wertschätzung sank. Er verlor den Respekt vor sich selbst und musste in die Formel deshalb einen niedrigeren Wert einsetzen. Michael gab sich eine 5,5. Zudem verlor er in der Mobbingsituation den Glauben an sich und wurde zu seiner ruhigen Art noch zurückhaltender als sonst. Eigentlich vertraute er nicht mehr auf sich, sondern sicherte alles ab. Der Glaube an die Richtigkeit der eigenen Entscheidungen und auch ein bisschen an die Wertigkeit der eigenen Person war ihm abhanden gekommen. Eigentlich wollte er den Wert mit null ansetzen, aber entschloss sich für eine 1,5.

Anders dagegen sein Konkurrent. Er hatte zwar nicht solche Fachkenntnis und Erfahrung wie Michael, war auch nicht so lange in der Firma, dennoch hielt er sich für den kommenden Mann und fällte mutige und auch richtige Entscheidungen. So schnitt er bei Disziplin und Fähigkeiten mit einer 5 nur halb so gut ab wie Michael, aber bei Respekt vor sich selbst und dem Glauben an sich selbst war eine 7,5 für den Respekt und eine 8 für den Glauben an sich selbst anzusetzen. So ergab sich dann folgendes Bild der Kontrahenten, wenn man es in die Formel der persönlichen Stärke einsetzt.

**(Fähigkeit + Respekt vor sich + Disziplin) x
Glaube an sich = Persönliche Stärke**

Und nun setzen wir die Werte der beiden ein und vergleichen sie:
Michael: (10 + 10 + 5,5) x 1,5= 38,25
Der Kollege: (5 + 5 + 7,5) x 8 = 140

Sie sehen also, der Kollege war stärker und Michael muss sich auf die Konfrontation sehr gut vorbereiten, wenn er eine Chance haben möchte. Würde er mehr an sich glauben, hätte er alle Trümpfe in der Hand.
Anhand des kleinen Beispiels können Sie sehen, wie man die Formel mit den Zahlenwerten füllt und zu einem Ergebnis kommt. Die Zahl ist dann Ihr momentaner Stärkegrad, aber was bedeutet das nun?
In der folgenden Auswertung können Sie ablesen, was der Zahlenwert über Ihre persönliche Stärke aussagt:

0–27 Sie sollten noch an Ihrer persönlichen Stärke arbeiten. Bereiten Sie sich auf Konfrontationen gründlich vor.
28–108 Sie haben den Grundstein schon gelegt. Mit Konzentration und den richtigen Hebeln setzen Sie sich durch. Glauben Sie an sich!
109–210 Prima, Sie haben das Zeug zum Anwalt! Ein bisschen sollten Sie aber noch daran arbeiten.
211–300 Gratuliere, mit Ihnen sollte man sich besser nicht anlegen.

Die eigene Stärke als Schlüssel

Der »Glaube an sich selbst« als Grundlage des Erfolgs

Ein Parameter der Formel hat es verdient, dass man noch einen gesonderten Blick darauf wirft. Dieser Parameter ist ein Schlüsselmerkmal bei der Bestimmung und auch der Umsetzung Ihrer persönlichen Stärke.

Der Glaube an sich selbst ist das wichtigste Element, um sich in schwierigen Situationen zu behaupten. Haben Sie den Glauben nicht oder nagen Selbstzweifel an Ihnen, werden Sie nie den Mut aufbringen, den notwendigen Schritt zum Erfolg oder zur Behauptung Ihrer Interessen zu gehen. Sie werden eher aus Angst zurückstecken und Positionen aufgeben, denn Sie sind sich nicht sicher, ob Sie die Position durchbekommen oder verlieren werden. Sind Sie aber beim Glauben an sich selbst auf dem richtigen Weg, werden Sie alles Vertretbare tun, um Ihre berechtigte Position durchzusetzen. Es ist deshalb leicht zu verstehen, dass eine anwaltliche Taktik darin liegt, den Glauben des Gegners an sich selbst zu zerstören, um aus der daraus entstehenden Unsicherheit Vorteile zu ziehen. Einem echten Glauben an sich selbst kann diese Taktik jedoch nichts anhaben, sie prallt einfach ab.

Der Glaube an sich selbst ist es auch, der uns zu Höchstleistungen bringt. An dieser Stelle möchte ich Sie ermutigen. Lassen Sie sich den Glauben an sich von niemandem ausreden. Erstens hat kein Mensch auf der Erde das Recht dazu, einem anderen Menschen das zu »nehmen«, was er ist. Lassen Sie sich nicht beeinflussen. Fragen Sie sich lieber nach den Motiven derer, die Ihnen den Glauben an sich selbst nicht gestatten wollen.

Und wenn es doch gelungen sein sollte, Ihren Glauben an sich selbst zu erschüttern, dann führen Sie sich einfach vor Augen, welche Fehler Menschen in der Einschätzung von Situationen schon gemacht haben. Dabei waren es selten diejenigen, die allein mit einer Meinung standen, vielmehr war es die Masse der Menschen, die sich irrte. Ein prominentes Beispiel ist Galileo Galilei. Galileo Galilei wies die Theorie eines heliozentrischen, also eines um die Sonne kreisenden Planetensystems, die bereits im Jahrhundert zuvor durch Nikolaus Kopernikus entwickelt worden war, wissenschaftlich nach. Vorher ist man davon ausgegangen, dass sich die Sonne um die Erde dreht. Galileo Galilei wurde für seine Erkenntnis von mächtigen Organisationen bekämpft. Er durfte nicht mehr behaupten, dass sich die Erde um die Sonne dreht, sondern es sollte nach Ansicht der Mächtigen genau anders herum sein. Seine richtige Sicht der Dinge wurde schließlich sogar verboten. Und genau an diesem Punkt, als es schien, er hätte mit seiner richtigen Auffassung keine Chance mehr, gab er nicht auf. Von dieser schwarzen Stunde für Galilei wird berichtet, er habe gesagt: »Und sie bewegt sich doch!« Galilei glaubte an sich und seine Theorie, dass er sich trotz Verbots nicht von seiner richtigen Auffassung trennen wollte. Das Ende der Geschichte kennen wir alle, er wurde rehabilitiert und seine Aussage hat noch heute Gültigkeit.

Die eigene Stärke als Schlüssel

Haben Sie sich einmal gefragt, wie wir heute die Welt sehen würden, wenn er nicht an sich geglaubt und stattdessen aufgegeben hätte?
Ein weiteres sehr schönes Beispiel habe ich einmal in einer Werbeanzeige gesehen. Diese Werbeanzeige hat mich so fasziniert, dass ich sie ausgeschnitten habe. Auf dieser Anzeige waren Fritz Walter und Helmut Rahn zu sehen, wie sie 1954 den Weltpokal jubelnd in die Höhe hielten. Für alle nicht so Sportbegeisterten sei gesagt, dass dieses Foto nach dem Endspiel um die Fußballweltmeisterschaft 1954 aufgenommen wurde. In diesem Spiel, das als das »Wunder von Bern« in die Geschichte eingegangen ist, gewann die deutsche Nationalmannschaft gegen die damals übermächtigen Ungarn nach einen Rückstand von 0:2 noch 3:2 und wurde Weltmeister. Viele werden den mitreißenden Kommentar von Herbert Zimmermann noch im Ohr haben, während sie diese Zeilen lesen. Aber zurück zur Werbeanzeige. Auf dieser stand neben dem Bild der jubelnden Helden von damals: »23. Minute 0:2! Was wäre wohl passiert, wenn die Jungs aufgegeben und nicht an sich geglaubt hätten?«
Höchstwahrscheinlich hätten sie nicht gewonnen und nicht das erreicht, was sie in (Fußball-)Deutschland unsterblich gemacht hat. Der Glaube an sich selbst bei jedem einzelnen von ihnen war der Motor des Erfolgs.
Ich möchte Ihnen also ans Herz legen, den Glauben an sich auch in schwierigen Situationen zu wahren und nicht vorschnell aufzugeben. Nicht gemeint sind damit aber solche

Mitmenschen, die unsinnige Argumente mit einer übermäßigen Beharrlichkeit vertreten und dabei Sturheit mit Glauben an sich selbst verwechseln. Um es in aller Deutlichkeit zu sagen: Sturheit sollte man lassen, aber an sich glauben muss man immer!

Wie sehr glauben Sie an sich?

Warum stelle ich den Glauben an sich selbst so in den Mittelpunkt? Wer wirklich an sich glaubt, der entfaltet eine großartige Wirkung. Ihre Umgebung wird das merken, denn Sie bekommen eine andere »Ausstrahlung«. Das wird in Form von Respekt und Anerkennung auch honoriert. Schließlich ist es ein Merkmal von Siegern, dass sie an sich glauben. Und wer sucht nicht die Gesellschaft von Siegern.

In schwierigen Zeiten, bei Konflikten, Konfrontationen oder auch in Krisen verleiht der Glaube an sich selbst einen sprichwörtlich langen Atem. Zweifel kommen nicht auf und die Frage des Aufgebens stellt sich folglich erst gar nicht. Der amerikanische Unternehmer Henry Ford hat einmal gesagt: »Es gibt mehr Leute, die aufgeben, als solche, die scheitern.« Nehmen Sie sich diese weisen Worte zu Herzen und erleben Sie, wie auf einem langen Weg der Glaube an sich selbst zu einer Stärke des Durchhaltens wird. Glauben Sie an sich und nutzen Sie diese Ausstrahlung.

Aber wie sehr glauben Sie an sich? Beantworten Sie sich im-

Die eigene Stärke als Schlüssel

mer zuerst diese Frage, bevor Sie sich eine Taktik ausdenken oder Ihre Argumente sortieren. Oder fragen Sie Personen Ihres Vertrauens um deren Einschätzung, wie stark Ihr Glaube an sich selbst bei Ihnen ist. Die Personen Ihres Vertrauens spüren sehr wohl, wie sehr Sie an sich glauben und wie Sie hinter sich und Ihren Positionen stehen. Die Antworten werden Ihnen vielleicht nicht immer gefallen, aber sie werden Sie sicher auf den richtigen Weg bringen.

Sollte Ihre Analyse nun ergeben, dass Sie nicht so stark wie nötig an sich glauben, dann führen Sie sich vor Augen, was Sie in diesem Buch schon alles erfahren und welche Hilfsmittel Sie in der Hand haben: Sie haben mit dem aussagepsychologischen Wissen das Handwerkszeug, Bluffs und Lügen aufzudecken – das sind die häufigsten und gefährlichsten Gegner in Konfrontationen; Sie kennen die verschiedenen Gesprächsarten und wissen, wie man Verhandlungen führt; Sie wissen, wie man auftritt, können Mimik und Gestik interpretieren und einsetzen; Sie können Ihre Ziel formulieren, gewichten und vertreten und Sie kennen die Größen der Formel zur persönlichen Stärke. All das gibt Ihnen Kraft für die Verteidigung Ihrer Interessen und die Sicherheit der Überzeugung, dass Sie es schaffen werden. Diese Sicherheit macht Sie noch stärker und Ihr Gegner wird das auch spüren. Aber das Wichtigste ist, diese Sicherheit kommt aus Ihrem Inneren, denn sie basiert auf Ihren persönlichen Fähigkeiten und Kenntnissen. Und wer solche Kenntnisse hat, dem fällt es dann auch nicht schwer an sich zu glauben.

Mit der persönlichen Stärke, dem Respekt, den Sie vor sich selbst haben und der sich in einer Umgebung spiegelt, die Respekt vor Ihnen zeigt, mit dem Wissen und den Fertigkeiten, in unterschiedlichen Gesprächs- und Verhandlungssituationen die eigenen Interessen und Ziele erfolgreich ansteuern zu können, werden Sie auf dem Weg zu Ihrem persönlichen Ziel, Ihrem persönlichen Lebenglück gut vorankommen.

Sie sind dabei, sich zu einem veritablen »Anwalt in eigener Sache« zu entwickeln. Doch noch immer lauert eine Gefahr auf Sie, die Ihren ganzen Erfolg zunichte machen kann; eine Gefahr, die selbst berühmte Anwälte immer aufs Neue bannen müssen: Nervosität und Lampenfieber.

Die folgenden Seiten befassen sich deshalb damit, wie Sie sich auch in stressigen Situationen auf das Wesentliche konzentrieren und einen kühlen Kopf bewahren können, statt ihn zu verlieren.

Entspannung – Der klare Kopf als Vorteil

Der Magen fährt Karussell, die Hände sind feucht und man schwitzt. Man steht unter großer Anspannung und zweifelt genau in diesem Moment an den eigenen Fähigkeiten und der eigenen Stärke, wie sonst noch zu keinem anderen Zeitpunkt. Nahezu alle Personen, die im Rampen-

Entspannung – Der klare Kopf als Vorteil

licht stehen, kennen das Gefühl von Lampenfieber und unerklärlicher Nervosität vor dem großen Auftritt.
Dieses Phänomen ist ein Relikt unserer Vergangenheit. In diesem Zustand der Anspannung ist unser Körper in Alarmbereitschaft, um einer Bedrohung zu entgehen. Nachteilig ist nur, dass unser Körper immer noch von Bedrohungen ausgeht, die in der Steinzeit aktuell waren. Versetzen wir uns also einfach mal in die Steinzeit, um unseren Körper und seine Reaktionen besser zu verstehen.
Ein Steinzeitmensch wandert gemächlichen Schrittes durch ein dicht bewachsenes Tal. Er bewegt sich langsam und wachsam. Sein Weg führt von Lichtung zu Lichtung. Die Augen sind stets auf das Dickicht gerichtet, gleichzeitig achtet er auf jedes Geräusch. Besonders das gleichmäßige Knacken fesselt seine Aufmerksamkeit. Er hat den Eindruck, das Geräusch läuft parallel zu seinem Weg. Langsam steigt Unruhe in ihm auf. Er erinnert sich an eine frühere Wanderung durch ein anderes Tal. Dort hatten er und sein Begleiter das gleiche Geräusch wahrgenommen. Die hinter dem Knacken stehende Gefahr hatten sie damals unterschätzt, was sein Begleiter mit dem Leben bezahlen musste. Urplötzlich verstummte damals das Geräusch und es war für den Bruchteil einer Sekunde eine gespenstische Ruhe eingekehrt. Die Wucht des Aufpralls der großen Raubkatze durchbrach die Stille. Mit Krallen und Zähnen packte das Tier seinen Begleiter und tötete ihn fast augenblicklich. Unser Steinzeitmensch konnte damals fliehen, während die Raubkatze sich mit seinem Begleiter als Beute zufriedengab.

Und nun hört er ein genau gleiches Knacken in seiner unmittelbaren Umgebung. Er beginnt zu schwitzen und spürt, wie seine Muskeln heiß werden. Adrenalin durchströmt ihn und macht ihn hellwach. Seine Augen versuchen, die Dunkelheit des Waldes zu durchdringen. Die nächsten Sekunden können lebensentscheidend für ihn sein. Seine Muskeln spannen sich an und er steht geduckt da. Seine Hände umklammern den Speer, den er stets bei sich führt. Das Knacken verstummt. Instinktiv dreht er sich um. Ein massiger Körper reißt ihn zu Boden. Er rappelt sich auf und sucht den Angreifer. Was er sieht, erleichtert ihn. Die riesige Raubkatze war mit ihrem Angriffssprung genau auf seinem Speer gelandet, als er sich umdrehte. Diese schnelle Bewegung rettete ihm das Leben. Er hatte der Alarmbereitschaft seines Körpers sein Leben zu verdanken.

Das Abenteuer unseres Steinzeitmenschen zeigt uns die Funktionsweise unseres Körpers im Fall einer Bedrohung. Unsere Muskeln werden besser durchblutet und die Pupillen weiten sich. Schließlich sollen wir im Kampf optimale Muskelkraft entfalten und auch alles genau sehen können. Die Durchblutung der Muskeln ist vorrangig, die übrigen Funktionen unseres Körpers werden kurzzeitig hintangestellt. Ungünstig ist dabei, dass das eigentliche Kampforgan der heutigen Zeit, das Gehirn, auch von dieser »Benachteiligung« betroffen ist.

Wir sind also immer noch auf den körperlichen Angriff wilder Tiere vorbereitet, nicht auf eine verbale Auseinandersetzung mit Menschen. Deshalb sollten wir diesen

Entspannung – Der klare Kopf als Vorteil

Alarmzustand auch schnellstens in den Griff bekommen, wenn wir uns nicht selbst lahmlegen wollen. Ein guter Anfang ist, dass wir uns nicht ständig einreden, wir stünden vor einer Bedrohung. Auch wenn eine Konfrontation vor uns liegt und vielleicht sehr viel auf dem Spiel steht, gibt es einen entscheidenden Unterschied zur Steinzeit. Wir blicken nicht in das Angesicht des Todes, sondern versuchen, eine Position zu vertreten oder uns durchzusetzen. Auch wenn uns die Situation noch so wichtig und entscheidend vorkommt, es geht danach in jedem Fall weiter. Die Frage ist nur »wie« und nicht »ob«. Unser Steinzeitmensch dagegen musste sich sehr wohl mit der Frage des »ob« beschäftigen. Wir haben aber keine derartige Gefahr oder Bedrohung zu fürchten. Es kann sicher auch unangenehm werden, aber gestorben wird dabei nie. Mit anderen Worten: Es gibt keine Bedrohung, auf die unser Körper steinzeitlich reagieren müsste. Und es liegt an Ihnen selbst, Ihrem Köper das zu sagen. Besinnen Sie sich auf Ihre persönliche Stärke und nutzen Sie Ihren Glauben an sich selbst. Glauben Sie an Ihre Stärke und an die Bewältigung der Situation. Versuchen Sie, sich zu entspannen.

Ich erinnere mich gut an eine wichtige Verhandlung. Die Presse verfolgte den Fall aufmerksam und ich wollte eine gute Figur machen. Am Tag vor der Verhandlung spürte ich auf die Anspannung zurückgehende Muskelverspannungen. Also habe ich mir eine Massage gegönnt und bin früh schlafen gegangen. Am nächsten Tag war ich entspannt und die Verhandlung lief gut. Nehmen Sie sich auch ruhig die Zeit, um gerade vor wichtigen Entscheidungen zu entspannen. Die Entspannung bringt Ihnen nicht nur einen klaren Kopf im entscheidenden Moment, sondern Sie werden auch eine deutlich bessere Ausstrahlung als in verspanntem Zustand haben.

Anti-Stress-Techniken auf die Schnelle

Für dringende Fälle von Nervosität oder großer Anspannung habe ich Ihnen eine kleine Entspannungsapotheke zusammengestellt. Sie soll Ihnen helfen, etwas zu entspannen und den Kopf frei zu bekommen, damit Sie Ihre persönliche Stärke voll zur Entfaltung bringen können. Diese kleinen Übungen können die Anspannung nehmen und Ihnen helfen, einen klaren Kopf zu bewahren.
Atmen Sie tief ein und aus. Spüren Sie bewusst, wie sich Ihre Lungen mit Sauerstoff füllen und leeren. Dann halten Sie die Luft etwas an. Atmen Sie anschließend langsam aus. Dann gehen Sie wieder zu einer tiefen und bewussten Atmung über. Nach einer kleinen Weile des tiefen Atmens halten Sie wieder kurz die Luft an und wiederholen das Ganze so lange, bis Sie sich ruhiger, entspannter und gelöster fühlen.
Auch ein wenig Bewegung ist ein hilfreicher Stresskiller. Nehmen Sie eine sichere Standhaltung oder eine angenehme Sitzposition ein. Zu dieser Grundhaltung kehren Sie nach jeder einzelnen Übung immer wieder zurück. Am besten beginnen Sie mit einer Nackenübung.

Entspannung – Der klare Kopf als Vorteil

Rollen Sie Ihren Kopf langsam im Halbkreis von einer Seite auf die andere. Gehen Sie dann zur Beschreibung eines ganzen Kreises über. Rollen Sie Ihren Kopf dreimal im Uhrzeigersinn und dreimal in entgegengesetzter Richtung. Diese kleine Übung löst Verspannungen im Nackenbereich.

Die nächste Entspannungsübung hilft dem Rücken. Strecken Sie Ihren rechten Arm so weit in die Luft, wie Sie können. Anschließend senken Sie Ihren Arm wieder seitlich zum Körper. Machen Sie diese Übung auch mit dem anderen Arm. Wiederholen Sie die Übung ein paar Mal, bis Sie eine Entspannung des Rückens fühlen.

Nun öffnen Sie Ihren Mund so weit Sie können, als ob Sie schreien wollten. Dann schließen Sie den Mund, ohne die Zähne zusammenzubeißen. Einfach wieder schließen. Anschließend öffnen Sie den Mund wieder. Auch diese Übung können Sie so oft wiederholen, wie es Ihnen guttut. Zur Unterstützung können Sie auch Ihren Kiefer oder den restlichen Kopf leicht massieren.

Suchen Sie sich einfach die Entspannungstechnik aus, die Ihnen am meisten hilft, oder wenden Sie auch alle Übungen an. Machen Sie das ganz nach Ihrem Geschmack, denn es gibt keine Regel, welche Übung für welche Anspannung die beste ist. Wichtig ist, dass es Ihnen hilft oder auch nur gefällt. Sollten Sie jedoch Schmerzen verspüren, brechen Sie die Übung bitte sofort ab.

Ausblick in die Zukunft

Ausblick in die Zukunft

Den Blick nach vorne richten

Es kommt auf den Blickwinkel an, aus dem wir Konflikte und Konfrontationen betrachten. In meinen Augen ist jener Blickwinkel der richtige, der einen Konflikt als Chance für die eigene Zukunft begreift und ihn auch genauso behandelt. Schließlich macht es ja nur dann Sinn, sich auf einen Konflikt einzulassen, wenn es um die Zukunft geht. Ohne Zukunftsbezug wird es sich nicht lohnen, die zwangsläufig mit dem Konflikt einhergehenden Beeinträchtigungen hinzunehmen. Eine Auseinandersetzung, die nur mit dem Ziel geführt wird zu zeigen, dass man der Stärkere ist, sollte auf dem Sportplatz stattfinden. Dort kann man auch all seine Energie einsetzen, um diese Frage zu klären und einen »Sieger« zu finden. Alternativ zum Sportplatz kann man natürlich auch eine Partie Schach spielen oder Kreuzworträtsel um die Wette lösen, je nachdem, wie man die Auseinandersetzung führen möchte. Im »echten« Leben dagegen ist die aufgewendete Energie für einen Konflikt, bei dem es nur ums Gewinnen geht, schlichtweg verschwendet.

Konflikte als Chance für Ihre Zukunft

Ihre persönliche Stärke erlaubt Ihnen nun, sich durchzusetzen. Aber diese Fähigkeit sollte Sie nicht dazu verleiten, ständig und überall nach Konflikten zu suchen. Das ist schlichtweg der falsche Ansatz. Besser ist es, wenn Sie Konflikte nach einer Nutzenanalyse angehen. Diese Nutzenanalyse sollte aber auf die Zukunft gerichtet sein und sich nur dann mit vergangenen Dingen beschäftigen, wenn es unbedingt notwendig ist. Ein Konflikt ist nur dann sinnvoll, wenn Sie etwas aus dem Weg räumen, was Ihren weiteren, zukünftigen Lebensweg belastet, oder eine Ungerechtigkeit anpacken, die konkrete Auswirkungen entfaltet. Für eine bloße Vergangenheitsbewältigung ist eine Konfrontation oder ein Konflikt eher hinderlich.

Konflikte, das zeigt folgendes Beispiel, müssen sinnvoll sein, damit Sie nicht am Ende trotz eines Erfolgs in der Konfrontation doch noch draufzahlen. Das musste auch David erfahren.

David war im Außendienst tätig und deshalb viel mit dem Auto unterwegs. Schließlich musste er seine Kunden und auch neu akquirierte Kontakte besuchen, um einen guten Umsatz zu erzielen. Er fuhr also an einem regnerischen Junitag zu einem seiner Termine. Dazu musste er in die Innenstadt. Er stellte sich auf eine lange Parkplatzsuche ein und

Ausblick in die Zukunft

war deshalb umso erfreuter, als er direkt vor dem Firmensitz seines Kunden einen regulären Parkplatz fand. Als er jedoch von seinem Kundentermin zurückkam, war er entsetzt. An der Windschutzscheibe seines Wagens hing ein Strafzettel über 15 Euro. David war außer sich. Angeblich hätte sein Fahrzeug zu weit über den Parkbereich hinaus in eine Parkverbotszone geragt. Davids Auto stand zwar am Anfang der Parkzone, aber zu weit hinausragen? Niemals! Er fühlte sich ungerecht behandelt. Entgegen seiner Art bezahlte er nicht und legte sogar gegen den daraufhin ergangenen Bußgeldbescheid Einspruch ein. Und so kam es zu einer Gerichtsverhandlung über das Knöllchen. David hatte sich zur Unterstützung seinen Anwalt mitgebracht. Der Richter schlug vor, das Verfahren gegen David einzustellen. Die Kosten des Verfahrens sollte die Staatskasse tragen. Das hörte sich alles sehr gut für David an und er willigte ein. Als er aus dem Gerichtsgebäude trat war er sicher, die Sache sei erledigt. Umso erstaunter war er, als er zwei Wochen später eine Anwaltsrechnung über knapp 400 Euro in seinem Briefkasten fand. Dem Anwaltsschreiben entnahm David, dass seine Rechtsschutzversicherung die Bezahlung abgelehnt hatte. In seinem Rechtsschutzversicherungsvertrag seien Parkverstöße ausgenommen und deshalb werde man auch nicht bezahlen. Die Kosten des Verfahrens sollte doch die Staatskasse tragen, was wollen die denn von mir?, fragte sich David. Sein Anwalt erklärte ihm dann, dass seine Tätigkeit nicht zum Verfahren gehört, sondern als Auslage für David betrachtet werde. Und die hatte der Richter ja in seinem Beschluss

nicht auf die Staatskasse geladen, weshalb sie auch bei David verblieben ist. Und da auch die Rechtsschutzversicherung nicht bezahlen werde, müsse er das nun also selbst machen. Zähneknirschend überwies David den geforderten Betrag.
Hätte er vorher eine Nutzenanalyse gemacht, dann hätte er festgestellt, dass es sich nicht lohnen wird, mit einem Rechtsanwalt gegen den Bußgeldbescheid vorzugehen. Er hätte dann zwei vernünftige Möglichkeiten gesehen: Erstens hätte er die Strafe und damit das Unrecht akzeptieren müssen oder zweitens selbst gegen den Bußgeldbescheid vor Gericht gehen. Die erste Möglichkeit scheidet eigentlich von selbst aus, denn Unrecht hat niemand hinzunehmen. Gerade nicht, wenn es von einer staatlichen Stelle ausgeht. Und die zweite Variante hätte er sich nicht zugetraut, weil er Angst vor der Situation gehabt hätte. Blieb also nur die Variante, die er letztendlich auch gewählt hat. Nur dann hätte er sich auch nicht über die Rechnung des Anwalts beklagen dürfen.
Erstellen Sie deshalb immer eine Nutzenanalyse vor jeden Konflikt und stellen Sie sich die Alternativen ungeschönt vor Augen. Dann werden Sie auch nicht unangenehm überrascht.

Genau analysieren und abwägen

Selbst wenn Sie bei Ihrer Nutzenanalyse feststellen, dass das Ereignis oder die Beeinträchtigung aus der Vergangenheit noch Auswirkungen hat, die Sie auf Ihrem zukünftigen Lebensweg behindert oder belastet, dann sollten Sie trotzdem nicht sofort auf die Konfliktschiene wechseln. Konflikte sollten eigentlich wirklich nur das letzte Mittel sein, um ein Problem zu lösen. Dies dürfen Sie trotz aller persönlichen Stärke nicht vergessen.

Auch wenn es Ihre persönliche Stärke zulassen würde, denken Sie immer daran: Wenn man in einen Konflikt geht, bleiben Scherben, die vielleicht nicht gekittet werden können. Und genau in diesem Fall suchen die Menschen immer nach dem Verursacher, oder besser gesagt nach dem Aggressor. Und wer dann als Aggressor gilt, wird gewissermaßen gebrandmarkt. Aggressoren gelten gemeinhin als unangenehm, um es einmal vorsichtig auszudrücken. Aggressoren brauchen auch meistens einen wirklich sehr guten Grund, um ihr Vorgehen zu rechtfertigen. Meist gelingt das aber nicht. Wir Menschen empfinden ja schon Konflikte als unangenehm, um wie viel unangenehmer empfinden wir dann den Verursacher des Konflikts, den Aggressor?

Was aber wirklich entscheidend ist: Aggressoren tun sich meist auch schwer bei der eigenen Interessenvertretung, was zu wesentlichen Nachteilen führen kann. Vermeiden Sie deshalb die Position eines Aggressors.

Mit anderen Worten heißt das, dass Sie immer einen guten Grund brauchen, wenn Sie aktiv einen Konflikt beginnen. Der Idealfall für eine aktiv begonnene Konfrontation sieht so aus: Sind Sie ein echtes, nicht nur ein gefühltes Opfer und beseitigen aktiv ein Problem, dann wird Ihnen niemand den Konflikt übel nehmen. Wahrscheinlich werden

Sie dann eher noch unterstützt. Allerdings ist das ein schmaler Grat. Schauen Sie deshalb genau hin.

Andererseits haben Sie dank Ihrer persönlichen Stärke nun aber die Gewissheit, Ihren weiteren Weg aktiv gehen zu können, ohne die dort auftretenden Konflikte fürchten zu müssen. So haben Sie es in der Hand, was Sie tatsächlich zulassen wollen. Sie bestimmen so den Grad der Gerechtigkeit selbst, welcher Ihren Lebensweg kennzeichnen wird. Nutzen Sie diese Chance. Ihre persönliche Stärke ermöglicht Ihnen das.

Sie haben erfahren, wie man sich in Konflikt- und Konfrontationssituationen behaupten kann. Sie haben Techniken der verbalen Selbstverteidigung gelernt und können Ihre persönliche Stärke und auch die persönliche Stärke Ihres Kontrahenten ermitteln. Sie sind gerüstet und können sich sicher fühlen.

Sie haben sich einen eigenen Anwalt erschaffen, der ohne Wenn und Aber für Ihre eigenen Interessen und Belange eintritt. Einen Anwalt, mit dem Sie auf kurzen Wegen kommunizieren können und der Ihr vollstes Vertrauen genießt. Einen Anwalt, für den Sie keine Rechtsschutzversicherung brauchen, denn er ist für Sie kostenlos. Mit anderen Worten: Sie können in die Rolle »Ich, der Anwalt« schlüpfen und aus dieser Rolle heraus sicher in Konflikt- und Konfrontationssituationen agieren. Das bringt Ihnen den Vorteil, dass Sie sich auf eine Rolle zurückfallen lassen können und mehr Sicherheit aus dem Drehbuch Ihrer Rolle haben. Denn wenn andere Menschen unsicher in einer Konfrontationssituation stehen, weil sie sich ständig den nächsten Schritt mühsam erarbeiten müssen, haben Sie das Drehbuch zu Ihrer persönlichen Rolle »Ich, der Anwalt«. So lassen Sie sich einfach in die Rolle fallen, agieren sicher und für Ihren Kontrahenten beeindruckend. Gleichzeitig haben Sie zusätzlich die Kapazitäten in der Konfrontation frei, die Ihr Kontrahent braucht, um seine nächsten Schritte und auch deren möglichst überzeugende Umsetzung zu überlegen. Sie schaffen sich so einen erheblichen Vorteil in der Sache selbst, denn Sie haben den Kopf frei für Lösungen, während Ihr Kontrahent noch an Ihrem überzeugenden Auftreten zu knabbern hat.

Eines ist aber noch sehr wichtig: Bleiben Sie immer authentisch in Ihrer Rolle »Ich, der Anwalt«, sonst kann Ihr Auftreten schnell unglaubwürdig werden. Verleugnen Sie nicht Ihren eigenen Charakter, bleiben Sie sich treu! In den Trainings und Seminaren, die ich gegeben habe, wurde den Teilnehmern immer die Rolle »Ich, der Anwalt« an ihren Charakter angepasst und dann geübt. In dieser Rolle haben die Teilnehmer aber nicht nur ihre persönliche Stärke erlebt und aktiviert, sondern sich auch mit den Arbeitsweisen eines Anwalts vertraut machen können. So entsteht eine authentische Figur für Konfliktsituationen, die dann quasi auf Knopfdruck eingesetzt werden kann, wenn es notwendig ist. Und so sollten Sie das auch machen!

Sie wissen dann genau, dass Sie sich behaupten können. Ein gutes Gefühl!